Wilfried und Lisa Bahnmüller

RADTOUREN FÜR CAMPER

OBERBAYERN

DIE SCHÖNSTEN RADWEGE RUND UM IDYLLISCHE CAMPING- UND STELLPLÄTZE

J. BERG

7 Um den Mittenwalder Kranzberg

Inhalt

8 Von Königsdorf zum Starnberger See

10 Durchs Isartal nach Lenggries

17 Um den Chiemsee

18 Von Übersee nach Schleching

Tourenüberblick

Tour										
1	●	Durch Anlauter- und Altmühltal	83 km	550 Hm	5.00 Std.	•	•	•	•
2	●	Über die Hügel zum Starnberger See	49 km	450 Hm	4.00 Std.	•	•	•	•
3	●	Um den Forggensee	34 km	350 Hm	3.30 Std.	•	•	•	•
4	●	Über den Alatsee zum Hopfensee	31 km	300 Hm	3.00 Std.	•	•	•	•
5	●	Durchs Murnauer Moos	40 km	300 Hm	3.30 Std.	•	•	•	•
6	●	Zu den Isarquellen	43 km	650 Hm	4.30 Std.	•	•		
7	●	Um den Mittenwalder Kranzberg	30 km	350 Hm	3.00 Std.	•	•	•	•
8	●	Von Königsdorf zum Starnberger See	40 km	420 Hm	4.00 Std.	•	•	•	•
9	●	Entlang der Loisach nach Wolfratshausen	35 km	200 Hm	3.00 Std.	•	•		•
10	●	Durchs Isartal nach Lenggries	32 km	150 Hm	3.00 Std.	•	•	•	•
11	●	Kirchsee und Kloster Reutberg	27 km	150 Hm	3.00 Std.	•	•		•
12	●	Tegernsee, Spitzingsee und Schliersee	50 km	1100 Hm	4.30 Std.	•	•		•
13	●	Durchs obere Leitzachtal	30 km	250 Hm	2.30 Std.	•	•	•	
14	●	Rund um den Pölven	53 km	450 Hm	4.00 Std.	•	•		
15	●	Von Wasserburg nach Rosenheim	64 km	450 Hm	5.00 Std.	•	•	•	•
16	●	Von Schechen an die Mangfall	55 km	200 Hm	5.00 Std.	•	•	•	
17	●	Um den Chiemsee	59 km	200 Hm	5.30 Std.	•	•	•	•
18	●	Von Übersee nach Schleching	52 km	400 Hm	4.30 Std.	•	•	•	
19	●	Über Siegsdorf nach Ruhpolding	36 km	350 Hm	3.00 Std.	•	•		
20	●	Waginger und Tachinger See	30 km	250 Hm	3.00 Std.	•	•	•	•

20 perfekte Radtouren für Camper

Eine atemberaubende, kontrastreiche Landschaft, geprägt durch den Wechsel von den hohen Bergen zu den grünen Hügeln des Voralpenlands, charakterisiert einen Großteil Oberbayerns. Zudem punktet diese abwechslungsreiche Region mit zahlreichen Flüssen und Seen, wie sie z. B. rund um die Landeshauptstadt München zu finden sind. Wenn es nach uns ginge, dann müsste dieses Buch doppelt so viele Seiten haben, lassen sich doch noch unzählig mehr Ecken in Oberbayern entdecken, die einen Besuch mit dem Fahrrad und Wohnmobil lohnen.

Jedoch haben wir nach sorgfältiger Überlegung die folgenden 20 Touren ausgewählt, die unseres Erachtens zu den schönsten Plätzen in Oberbayern führen. Als Startplätze dienen dabei sowohl Camping- als auch reine Wohnmobilstellplätze mit weniger Komfort. Und teilweise bieten sich auch gleich zwei spannende Radrunden von einem Ort aus an, sodass man hier gern mehrere Tage verweilen kann.

Unsere Radtouren führen alle durch herrliche Landschaften mit Seen und Flüssen, durch Blumenwiesen mit wunderbaren Aussichten, durch alte Baumbestände oder zu interessanten geologischen Besonderheiten; zudem spielt auch immer die Kombination von Natur, Kunst und Kultur in Stadt und auf dem Land eine große Rolle. Bei diesen Radtouren kommen Spaß und Genuss niemals zu kurz, Badegelegenheiten, Tipps für Stopps am Wegesrand mit Besichtigungsmöglichkeiten sowie Wirtshaus- und Biergartenempfehlungen runden das Erlebnis ab – im wahrsten Sinn des Wortes, denn natürlich handelt es sich immer um Rundtouren.

Wir hoffen, dass Sie mit diesem Buch Oberbayerns schönste Landstriche besser kennenlernen. Lassen Sie sich inspirieren, und machen Sie sich auf Entdeckungsfahrt durch diese einzigartigen Landschaften!

Viel Spaß wünschen Ihnen
Lisa und Wilfried Bahnmüller

Linke Seite: Gemütlich – vor allem mit dem E-Bike – geht es in die Berge zum Schloss Elmau (Tour 7).

Unten: Am Campingplatz Brugger (Tour 5): Sonnenaufgang über dem Riegsee

Wohnmobilstellplatz Mittenwald (Tour 7) – mit Karwendelblick!

Endlich unterwegs!

Allen in diesem Buch beschriebenen Radtouren haben wir rein subjektiv jeweils die Schwierigkeitsgrade »leicht«, »mittel« und »schwer« zugeteilt. Die Routen reichen von der kurzen Nachmittagsrunde bis hin zu einer ausgedehnten, tagesfüllenden Strecke. Wichtig ist uns, dass man fast alle Touren mit einer gewissen Grundkondition ohne Probleme unternehmen kann (mit einem E-Bike ist dies natürlich umso einfacher). Selbstverständlich empfindet aber jeder Radfahrer den Schwierigkeitsgrad anders. Zum Austesten empfehlen wir daher, mit den leichten Touren zu beginnen. Viele gute, allgemeine Tipps rund ums Radfahren findet man auf der Homepage des Allgemeinen Deutschen Fahrradclubs unter www.adfc.de.

Auf der Rundfahrt um den Forggensee (Tour 3)

Stell- und Campingplätze

Ein Kurzurlaub mit einem Wohnmobil ist definitiv mehr als nur »Schlafen auf vier Rädern«. Egal, ob in einem VW-Bus, einem ausgebauten Kleintransporter, im Camper, Wohnmobil oder Luxusliner – Reisen mit dem eigenen Bett verspricht immer Unabhängigkeit, Spontanität und eine gewisse Freiheit.

Allerdings entspricht die oft zitierte »grenzenlose Freiheit« nicht ganz der Realität – da mittlerweile die Zahl der Wohnmobil-Reisenden erheblich zugenommen hat, beginnen viele Gemeinden mit einer Kanalisierung dieses Reisestroms: Wild-Parker sind in den meisten Orten nicht gern gesehen! Das allein sollte schon Grund genug dafür sein, sich lieber einen offiziellen Stell- oder Campingplatz zu suchen, da diese zudem noch für ein Mehr an Komfort und so für entspannte Urlaubstage sorgen. Mittlerweile bieten auch so einige ursprünglich reine Parkplätze etwas mehr Luxus. Und immer mehr Gemeinden stellen für Wohnmobilisten Frischwasserzugang und Strom, manchmal sogar Duschen und Toiletten, und halten Stellen für die Entsorgung von Grauwasser und Chemietoiletten bereit. Das sollte man auf alle Fälle nutzen!

Für die Gebühren dieser Stellplätze raten wir, immer genügend Kleingeld parat zu haben. Es gibt zwar mittlerweile auch bar-

geldlose Online-Parksysteme, wie z. B. Parkster oder ParkNow, aber noch sind nicht alle Stellplätze daran angeschlossen. Trotzdem ist es sinnvoll, sich im Vorfeld schon einmal Park-Apps auf das Mobiltelefon zu laden. Eine Nacht auf einem Stellplatz ist zwar meist deutlich günstiger als auf einem Campingplatz, dieser ist aber im Gegensatz dazu natürlich deutlich luxuriöser ausgestattet und bietet nicht nur mehr Platz rund ums »Bett«, sondern wir können auch unsere Tische und Stühle großzügiger ausbreiten, und meist werden neben den Dusch- und Waschräumen noch viele weitere Annehmlichkeiten geboten.

Grüne Landschaften und Kühe, die noch grasen dürfen, begleiten uns bei den Radtouren.

Mitte: Obstbaumblüte am Waginger See (Tour 20)

Fahrzeiten, Höhenangaben, Tourencharakter

Wir haben uns sehr um die exakte Längenangabe der Touren bemüht. Für die Zeitangaben gehen wir von einer Durchschnittsgeschwindigkeit von ca. 10 km/h aus. Auf ebener Strecke geht es etwas schneller voran, auf Steigungen dementsprechend langsamer. Bitte planen Sie genügend Zeit für Pausen, Einkehr- oder Besichtigungsstopps ein, denn diese wurden von uns nicht berücksichtigt. Öffnungszeiten von Sehenswürdigkeiten oder Ruhetage von Gaststätten können sich ändern, aktuelle Angaben dazu recherchiert man deshalb besser vorab im Internet. Viele der Touren eignen sich auch für Familien, deren Kinder sicher Fahrrad fahren. Einige Runden sind kurz, und manche längeren Touren lassen sich abkürzen, aber fast alle führen über verkehrsarme Nebenstraßen. Die wenigsten Runden verlaufen überwiegend auf geteerten Straßen, denn wir bevorzugen einsame Feld- und Forstwege – da kann der Untergrund schon einmal holprig sein, und nach Regen gibt es auch Pfützen. Gerade bei Auf- und Abfahrten ist dann Vorsicht geboten. Kritische Stellen haben wir jedoch im Text und im Tourencharakter erwähnt.

Die Pfarrkirche St. Josef überblickt den Starnberger Schlosspark (Tour 2).

Am grünen Inn entlang auf dem Weg nach Kufstein (Tour 14)

Rad- und Wanderkarten

Die Karten im Buch zusammen mit der Wegbeschreibung im Text reichen aus, um den Weg zu finden. Wer die Tour verlängern oder abkürzen will, sollte zur Orientierung eine zusätzliche Rad- bzw. Wanderkarte mitnehmen. Wir empfehlen dazu die Kompass-Karten, die noch dazu den Vorteil haben, dass sie fast überall erhältlich sind. Zudem sind alle GPX-Tracks zum Downloaden unter gps.bruckmann hinterlegt.

Einkehr und Verpflegung

Auf fast allen Touren gibt es Einkehrmöglichkeiten – so vorhanden, haben wir bei jeder Runde einen Tipp angegeben. Durchgehend warme Küche gibt es auf dem Land nicht immer, da manche Gaststätten erst am Abend öffnen. Wir empfehlen, grundsätzlich reichlich zum Trinken mitzunehmen (Minimum 1 l pro Person) und zumindest einen Apfel, Durchhaltekekse oder einen Müsliriegel einzupacken. Oft ist gerade das mitgebrachte Picknick oder die eigene Brotzeit unterwegs am schönsten.

Ausrüstung

Wir sind die Strecken mit einem Touren- bzw. Trekkingrad sowie mit dem E-Bike gefahren. Da die Touren in ihrer Länge so übersichtlich sind, dass sie locker mit einem vollgeladenen Akku bewältigt werden können, haben wir keine Stromlade-Stationen angegeben. Ein Rennrad ist ungeeignet, da wir neben verkehrsfreien Straßen und Wegen auch kleine, unebene Feld- und Forstwege benützen. Zudem gibt es einige Steigungen zu bewältigen, bei denen ein paar Gänge mehr das Fahren erleichtern.

Gasthaus Maibaumstüberl in Ruhpolding (Tour 19)

Sicherheit

Beim Fahrradfahren gelten ein paar Regeln, die – wenn man sie beachtet – Unfälle vermeiden helfen. Ein Fahrradhelm ist zwar gesetzlich nicht vorgeschrieben, gehört aber zum Pflichtprogramm. Ebenso sollten Sie vor dem Start Ihre Ausrüstung und vor allem die Bremsen prüfen. Ein Erste-Hilfe-Notfalltäschchen sollte neben einem Ersatzschlauch und einer Luftpumpe (ohne Fahrradpumpe nützt das beste Flickzeug nichts!) noch Platz im Rucksack oder in der Fahrradtasche haben.

Vor allem im Herbst wird es früh dunkel. Falls Sie ein Fahrrad ohne funktionierende Beleuchtung besitzen, tragen Sie zumindest einen Fahrradhelm mit eingebauten Leuchtdioden oder beenden Sie Ihre Runde rechtzeitig vor Anbruch der Dunkelheit.

Schieben sollte man im Fußgängerbereich, aber auch in sensiblen Natur- und Wildzonen. Wir dürfen keinesfalls abseits der Wege und Pfade oder gar querfeldein radeln! Viele Gebiete befinden sich in Privatbesitz, dort dürfen wir uns nur aufgrund der Toleranz und Duldung der Eigentümer bewegen. Deshalb sollten Weidegatter auch immer wieder verschlossen und Absperrungen akzeptiert werden.

Und zur Absicherung Ihrer Räder: Packen Sie immer ein Fahrradschloss ein.

Pause am Illasbergsee mit Blick auf die Allgäuer Alpen (Tour 3)

Die schönsten Radtouren mit Camping- und Stellplätzen in Oberbayern

1 Durch Anlauter- und Altmühltal

Von Flüssen und Trockenhängen

schwer | 83 km | 550 Hm | 5 Std.

Startplatz Radtour
Campingplatz Kratzmühle in Kinding, s. S. 22

Tourencharakter
Lange Rundtour, größtenteils auf Radwegen und kleinen Nebenstraßen. Mehrere kleine Anstiege bis Titting, eine größere Steigung zwischen Anlauter- und Altmühltal. Der Rückweg entlang der Altmühl ist dagegen fast eben. Wenig Schatten im Hochsommer, an heißen Tagen meiden

»Best of Altmühltal«: Die Tour führt über Kinding durchs Anlautertal nach Titting. Man trifft auf römische Spuren am Limes und quert über die Hochebene mit ihren Steinbrüchen ins Altmühltal. Mit Eichstätt als Zwischenziel radelt man dann an der Altmühl entlang zurück.

Entlang der Anlauter Wir starten am Campingplatz und radeln auf der Zufahrtsstraße Richtung Staatsstraße. Unmittelbar davor beginnt links der Altmühltal-Radweg, dem wir flussaufwärts folgen. Vorbei an Unteremmendorf erreichen wir parallel zum Fluss und der Straße bald Kinding. Die Beilngrieser Straße bringt uns in die Ortsmitte, die wir über den Marktplatz in westliche Richtung auf der Gredinger Straße verlassen. Wir biegen links in die Enkeringer Straße ein, die uns zu einem Kreisverkehr führt. Auf der gegenüberliegenden Seite beginnt ein Radweg nach rechts,

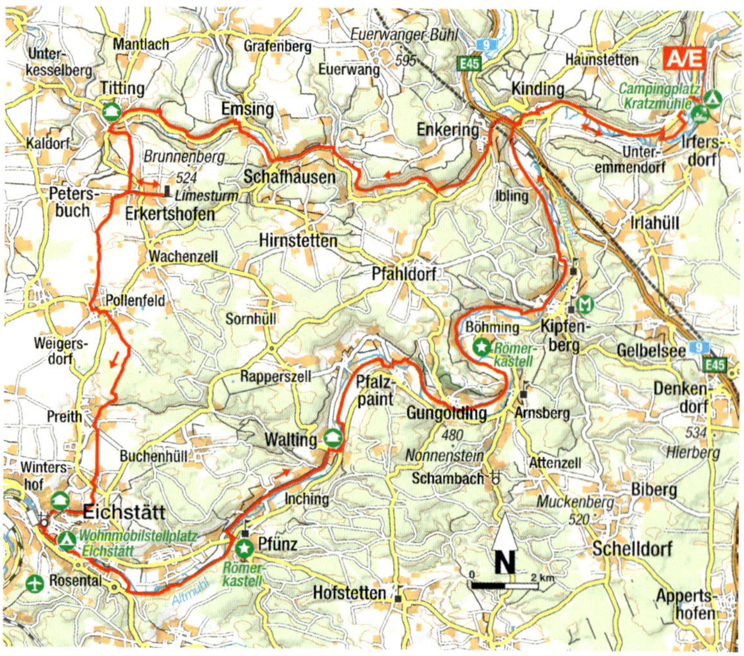

der parallel zur Autostraße verläuft – diesem folgen wir durch einen Tunnel, und bald darauf kreuzt über unseren Köpfen die Deutsche Bahn.
Dann sind wir schon im Weiler Enkering und damit im Anlautertal. Auf der Hauptstraße geht es in die Ortsmitte; dort biegen wir rechts in die Rumburgstraße ein, queren die Anlauter und halten uns dann links, nun immer flussaufwärts.
Kaum haben wir Enkering verlassen, sind wir schon mitten in grüner Natur. Vorbei an Streuobstwiesen und Trockenrasenhängen, auf denen nicht nur Wacholderbüsche wachsen, sondern auch Felsen hervorragen, blicken wir auf die freistehende Kirche St. Martin im Weiler Schafhausen. Die Anlauter plätschert mal

Im Limes sah man früher eine Teufelsmauer, heute heißt ein kleines Lokal in Erkertshofen so.

Oben: Arnsberg im Altmühltal

mehr, mal weniger neben uns dahin und ähnelt dabei mehr einem Bach als einem Fluss.

Vorbei an vielen Wildhecken erreichen wir Erlingshofen. Die Radwegbeschilderung Richtung Titting weist uns zur Vorfahrtsstraße, die wir jedoch in der Kurve gleich wieder verlassen. Nun steht uns ein erster kleiner Anstieg bevor.

Das nachgebaute Römerkastell Castra Vetoniana in Pfünz bei Walting ist mit einem Abstecher erreichbar.

Panoramaweg bis Titting Links aufwärts geht es auf einem Rad- und Wanderweg weiter, der zum Glück gleich wieder eben auf halber Höhe am Hang verläuft. Schlehenhecken säumen ihn zusammen mit Kiefern und Wacholderbüschen. Das ist die typische Vegetation der Trockenrasenhänge, die uns überall im Naturpark Altmühltal begegnen.

Wir verlieren wieder an Höhe und kommen nach Altdorf. Noch vor der Brücke halten wir uns rechts und queren die Anlauter wenige Pedalumdrehungen später. Nun geht es auf der anderen Uferseite im leichten Auf und Ab am Waldrand entlang nach Emsing. Dort queren wir die Autostraße geradeaus und radeln nur noch ein kurzes Stück auf der Hauptstraße in den Ort. Das Radwegschild weist uns dann zwischen zwei Häusern nach links. Achtung, diese Stelle ist leicht zu übersehen, überdies führt der Weg sehr steil zwischen zwei Absperrungen aufwärts, sodass wir hier besser kurz schieben. Oben angekommen, wenden wir

uns nach links und sind nun wieder auf einem aussichtsreichen Panoramaweg bis nach Titting unterwegs.

Der nachgebaute römische Wachtturm in Erkertshofen

Mitte: Auf der Hochebene zwischen dem Altmühl- und dem Anlautertal drehen sich einige Windräder.

Auf die Jurahöhe und zum Limes Zur Ortsmitte von Titting hin verlieren wir wieder an Höhe. Rechts-links haltend kommen wir zur Marktstraße, auf der wir ein letztes Mal die Anlauter queren. Eine kleine Verschnaufpause zum Energietanken kommt jetzt ganz recht, denn es steht die Auffahrt zur Jurahöhe bevor. Dafür lotst uns die Radwegbeschilderung Richtung Eichstätt ein Stück weiter auf der Marktstraße, ehe wir links abbiegen. Der

Am Marktplatz mit dem Willibaldsbrunnen in Eichstätt

Weg steigt sofort steil an und wendet sich noch stärker nach links. Zum Glück führt die Auffahrt durch den Wald, der etwas Schatten spendet. Wer mit dem E-Bike unterwegs ist, hat es hier definitiv leichter.

Aber nach der langen Geraden haben wir es geschafft – wir verlassen den Wald und stehen auf der Hochebene, die das Anlauter- vom Altmühltal trennt. Über die Felder geht es nun nach Erkertshofen, wo wir am Ortsrand auf die Limesstraße treffen.

Rechts geht es Richtung Eichstätt weiter. Es lohnt sich jedoch, für einen Abstecher nach links zu radeln: Einmal quer durch den Ort, erreichen wir nach einem Kilometer einen rekonstruierten römischen Wachturm. Dort gibt es einen netten Rastplatz mit Picknickbänken, und die Informationstafeln verraten viel Wissenswertes rund um den Limes. Außerdem kann man den Wachturm besteigen und eine gute Sicht auf die nahen Jurasteinbrüche genießen.

Alsdann fahren wir zurück zur Abzweigung und folgen dann, von der Dorfstraße kommend, links der Beschilderung Richtung Eichstätt.

Nach Eichstätt Über die Felder fahren wir an einigen aufgelassenen Steinbrüchen vorbei. Wir sind im Abbaugebiet des Juramarmors unterwegs, der auch Jurastein oder Jurakalk genannt wird. Sein bekanntes Aussehen hat er seinem gelblichen Grundton zu verdanken, aber auch den zahlreichen Fossilien, die darin eingelagert sind.

Vorbei an Windkraftanlagen erreichen wir Pollenfeld, die größte Gemeinde auf der Hochfläche. Hier biegen wir links in die Kirchstraße ein, die uns zur Hauptstraße bringt. Auf ihr geht es für wenige Meter nach rechts. Gleich nach der Sparkasse biegen wir dann links ein und radeln rechts in den Lohweg. Immer geradeaus haltend sind wir wieder in landwirtschaftlichem Gebiet. Bald weist uns das Radwegschild nach rechts, und wir genießen zur Abwechslung den Weg durch den Wald. Abwärts geht es nach Preith, doch zu früh gefreut: Wir müssen nun noch etwas aufwärts strampeln bis nach Wimpasing, wo es am Ortsrand nach links unter der Autostraße hindurch geht. Nach dem kleinen Steinbruch biegen wir rechts in die schmale Straße ein, die uns abwärts zu einer größeren Straße bringt, der wir nach rechts folgen.

Jetzt haben wir es mit dem Anstieg geschafft: Ziemlich flott verlieren wir an Höhe und kurven abwärts direkt in die Altstadt von Eichstätt. Die zwei Domtürme dienen uns dabei zur Orientierung. Nun ist sicherlich Zeit für einen Stadtbummel und eine längere Pause – nette Cafés und Restaurants finden wir am Marktplatz oder am kleinen Domplatz.

Start in Eichstätt

Radler, die am Stellplatz in Eichstätt starten, bewältigen zuerst den Altmühltal-Radweg und lassen den Streckenabschnitt von Kinding nach Kratzmühle aus. Die Tour endet dann wieder in Eichstätt, wobei man sich fast 15 km Strecke spart.

Auf dem Altmühltal-Radweg Nach der Stadtbesichtigung machen wir uns auf den Rückweg. Dafür folgen wir einer der Gassen ans Altmühlufer: entweder nach dem Residenzplatz vorbei an der Maria-Ward-Schule über den Seminarweg oder aus der großen Ostenstraße nach rechts durch das Wiesengässchen. Am Flussufer ist unser Weg zurück nach Kinding eigentlich nicht mehr zu verfehlen, auch wenn er noch ganz schön lang ist. So verlassen wir Eichstätt vorbei an den Pavillons des Hofgartens, den Sportanlagen und dem großen Wohnmobil-Stellplatz

(Beschilderung »Altmühltal-Radweg« und »Kipfenberg«). An der Radwegbrücke biegen wir scharf nach rechts, überqueren die Altmühl und folgen dann nach links dem gemächlichen Fluss. Ein paar Biber haben es sich in den Flussauen gemütlich gemacht. Sie selbst bekommen wir zwar wahrscheinlich nicht zu Gesicht, aber einige angenagte Weiden sind nicht zu übersehen.
Etwas weiter wendet sich unser Radweg nach rechts, weg vom Fluss, und folgt dann nach links einer langen Geraden in den Wald hinein. Rasch kommen wir vorwärts und erreichen Pfünz, bekannt für sein Römerkastell Vetoniana. Es ist vor allem wegen seines Nachbaus interessant, denn so kann man sich die einstige Größe der Bewachungsanlage gut vorstellen. Aber die Römer waren schlau und haben diese natürlich nicht in Flussnähe auf der Ebene errichtet, sondern strategisch günstig auf der Anhöhe, die sich über dem heutigen Ort Pfünz befindet. Wer also für einen Abstecher (Schilder) dorthin möchte, muss mit einer kurzen, aber definitiv schweißtreibenden Aufwärtsstrecke rechnen.

Schafherden sorgen mit ihrer Beweidung für den Artenschutz an den Trockenhängen im Altmühltal.

Biergartenfreuden Bequemer ist es, sich links zu halten – es geht unter der Straße hindurch, dann bringt uns der Radweg zu einem weiteren historischen Bauwerk: Über die Altmühl führt hier eine mittelalterliche Steinbogenbrücke, ein beliebtes Fotomotiv. Dahinter setzen wir unseren Radweg nach rechts fort, und vorbei an einigen Mühlen und dem Weiler Inching erreichen wir Walting. In der Leonhardstraße bremst uns der nette Biergarten vom Gut Moierhof aus, sofern er geöffnet hat. Dahinter queren wir die Altmühl, folgen ein kurzes Stück einem Radweg parallel zur Straße, dann geht es wieder nach links und autofrei weiter.
In Pfalzpaint wechseln wir erneut das Ufer, das letzte Mal für heute, wenn man von einem Abstecher nach Kipfenberg absieht. Über Gungolding radeln wir vorbei an Arnsberg, das von seinem mächtigen Schloss dominiert wird. Im leichten Auf und Ab geht es nun wieder entlang der Trockenhänge, und wir passieren

mit Abstand Böhming, das am anderen Ufer liegt. Ins Auge sticht vor allem die einsame weiße Kirche von Böhming, die auf den Fundamenten des römischen Numerus-Kastells errichtet wurde.

Von Kipfenberg zum Kratzmühler See Kurz darauf erreichen wir Kipfenberg, eine der größten Marktgemeinden im Altmühltal. Über dem Ort wacht die mächtige Burg Kipfenberg, in der sich das Römer- und Bajuwaren-Museum befindet. Etwas östlich davon liegt der geografische Mittelpunkt Bayerns im Wald. Kipfenberg lohnt sicherlich einen Besuch, für den Rückweg bleiben wir jedoch auf der ursprünglichen Flussseite.

Nun ist es auch nicht mehr weit, und über die Weiler Grösdorf mit den beiden Kirchen und Ibling endet unser Radweg unweit des Bahnhofs von Kinding in einer Straße. Der Radweg ist zumindest als Streifen auf dem Teer abgetrennt, und wir radeln ein letztes Mal bergauf. Unter uns verschwindet die Bahnstrecke in einem Tunnel, dann geht es leicht bergab und im Schwung unter der Autobahn hindurch, zurück an den Kreisverkehr bei Kinding, den wir von der Hinfahrt schon kennen. Jetzt radeln wir die letzten Kilometer auf dem Hinweg zurück zum Campingplatz, wo wir uns nach einem ereignisreichen Tag vielleicht noch den Sprung in den Kratzmühlsee gönnen.

Panoramaweg bei Erlingshofen im Anlautertal

Campingplatz Kratzmühle

Zwischen Beilngries und Kinding

Zwischen Altmühl und einem sanften Waldhang liegt der große Campingplatz direkt am Fluss. Nur wenige Minuten entfernt lädt der Kratzmühlsee zum Sonnenbaden, Schwimmen und Faulenzen ein – die erfrischende Krönung nach der Radtour!

Vorteilhaft ist der Campingplatz in die Länge gezogen, sodass möglichst viele Stellplätze direkt am Flussufer entstanden sind – ideal für Wassersportler und Wasserratten, aber auch für alle, die morgens mit dem Blick auf das träge fließende Wasser der Altmühl aufwachen wollen. Es gibt einen sehr schönen Kinderspielplatz, einen Kiosk mit Brötchenservice, das Wirtshaus zur Kratzmühle und nur wenige Gehminuten weiter das Seerestaurant am kleinen Kratzmühlsee mit seiner Insel.

€€€

Geeignet für Camper und Wohnmobilfahrer, geradezu ideal für Familien mit Kindern, wobei die Radtour aufgrund ihrer Länge für Kinder nicht unbedingt geeignet ist.

Adresse Campingplatz Kratzmühle, Mühlweg 2, 85125 Kinding, Tel. 08461/64170, kratzmuehle.de

Anfahrt Auf der A 9 bis Ausfahrt 58 (Altmühltal), weiter Richtung Beilngries und nach ca. 4 km rechts zum Erholungszentrum Kratzmühle

GPS 49.003650, 11.451558

Besonderheit Der Campingplatz ist Teil des Freizeitzentrums Kratzmühle. Neben den Wassersportangeboten und einem Platz zum Angeln gibt es auch einen Klettergarten.

Wohnmobilstellplatz Eichstätt

Direkt am Altmühltal-Radweg

Zweckmäßig, praktisch, vor allem aber idyllisch – so lässt sich der Stellplatz in Eichstätt am besten beschreiben. Nur wenige Meter von der Altmühl und vom Radweg entfernt bietet er neben Stellplätzen auch Zeltplätze.

Und dabei liegt der Stellplatz nur eine Viertelstunde Spaziergang entlang des Flusses von der Eichstätter Altstadt entfernt. Die ehrwürdige Barockstadt ist immer einen längeren Besuch wert. Für die Camper an den Flussauen im Naturpark Altmühltal gibt es einen Brötchenservice, und in der Regel stehen von Palmsonntag bis Ende Oktober auch WC- und Duschanlagen zur Verfügung. Übernachten kann man hier aber das ganze Jahr über.

€€€

Geeignet für Sowohl für Zelte als auch für Campingbusse und Wohnwägen. Es gibt sogar ein paar Schlaffässer, die man mieten kann.

Adresse Wohnmobilstellplatz Eichstätt, Einfahrt über Volksfestparkplatz/Straße Schottenau, 85072 Eichstätt, Tel. 08421/9081 47, eichstaett.de

Anfahrt Über die B 13 von Ingolstadt oder Weißenburg kommend, den Beschilderungen »Volksfestplatz« bzw. »Wohnmobil-Stellplatz« und »P+R« folgen

GPS 48.884443, 11.197577

Besonderheit In direkter Nähe zum Platz gibt es einen Supermarkt sowie einen Boot- und Kanuverleih (boote-glas.de).

2 Über die Hügel zum Starnberger See

Aussichtsreiche Badetour

mittel | 49 km | 450 km | 4 Std.

Startplatz Radtour
Wohnmobilstellplatz Andechs, s. S. 29

Tourencharakter
Die hügelige Tour verläuft meist auf Rad- oder Wanderwegen und einigen Nebenstraßen. Es gibt jedoch keine langen schweren Steigungen. Bademöglichkeiten im Maisinger und im Starnberger See

Begeisterung beim Radeln, Genießen und Besichtigen: Diese Radtour führt überwiegend auf einsamen Wegen aussichtsreich durch die herrliche Natur- und Kulturlandschaft zwischen Ammersee und Starnberger See.

Erster Halt: Kerschlach Vom Stellplatz in Andechs radeln wir auf der Andechser Straße nach Erling. Am Gasthaus zur Post queren wir die Straße in den Kerschlacher Weg und folgen ihm. Kurz nach der Andechser Molkerei Scheitz teilt sich der Weg – wir halten uns links (Schild »Machtlfing«), passieren den Hofladen der Biomolkerei und umkurven bald danach den idyllischen Stephansbichl mit seiner Kapelle. Kurz darauf sind wir in Machtlfing. Im Ort halten wir uns rechts in die Pähler Straße und folgen der Beschilderung Richtung Kerschlach. Im leichten Auf und Ab passieren wir ein paar einsame Höfe, dann radeln

wir aus dem Wald. Gleich auf der linken Seite befindet sich der Aussichtshügel von Kerschlach, ein Pfad führt über die Wiese dorthin. An klaren Tagen sehen wir hier die ganze Alpenkette vor uns – ein guter Platz für eine Schaurast. Danach geht es hinunter zum Gut Kerschlach.

Am Gut Kerschlach

Oben: Kloster Andechs thront auf einem Hügel.

Zum Starnberger See Wir verlassen das Gut auf der baumgesäumten Straße leicht aufwärts, queren dann die B 2 geradeaus in den Feldweg und folgen der Beschilderung nach Monatshausen. Hier treffen wir auf eine geteerte Straße; wir folgen dieser kurz nach rechts und biegen dann links in die Monatshauser Straße ein, nun den Schildern Richtung Tutzing folgend.

Stets in westliche Richtung passieren wir die alte Allee am Ausläufer der Ilkahöhe; ein kurzer Abstecher zu Fuß führt auf den beliebten Aussichtspunkt. Ansonsten bleiben wir der Straße treu und rollen nach Tutzing hinab.
Auf der Hauptstraße geht es links durch Tutzing – ab hier gibt der Starnberger Seerundweg den weiteren Verlauf der Strecke vor.
Stets am Ufer entlang (manchmal muss man das Fahrrad an der Uferpromenade schieben) geht es über Garatshausen in den Feldafinger Schlosspark und weiter nach Possenhofen. Dort verlassen wir den See und radeln im leichten Auf und Ab durch den Wald nach Niederpöcking. Der Ort ist mittlerweile mit Starnberg zusammengewachsen. Unter der Woche lohnt es sich, rechts durch die Unterführung direkt an die Seepromenade zu radeln, um zumindest Starnbergs schöne Seite kennenzulernen. Aber an Wochenenden ist dort leider viel los, da hilft nur schieben! So steuern wir den Starnberger Bahnhof mit der Bahnhofstraße an, auf der wir die Weiterfahrt starten.

Andechs und sein Stüberl

Das Kloster geht auf eine Burg der Herzöge von Andechs-Meranien zurück, wobei die Burg nach dem Aussterben der Andechs-Meranier verfiel. Als dann jedoch ein bedeutender Reliquienschatz in der ehemaligen Burgkapelle gefunden wurde, setzte eine Wallfahrt ein, die bis heute anhält. Betreut wird Andechs von der Benediktinerabtei St. Bonifaz in München. Aber auch Benediktiner können nicht allein vom Gebet leben, und so gibt es nach alter klösterlicher Tradition hier auch eine Brauerei. Dazu kommt das Bräustüberl, wobei diese Verkleinerungsform »Stüberl« wohl irreführt: Ca. 1500 Gäste können die Andechser gleichzeitig bewirten, und jeder darf, wenn er will, auch seine eigene Brotzeit mitbringen. Aber das lohnt sich kaum, denn die reichhaltige Brotzeitkarte genügt allen Ansprüchen.

Maisinger Schlucht und Kloster Andechs Wir fahren links in die Bahnhofstraße und damit leicht bergauf über die große Kreuzung in die Söckinger Straße. Dieser folgen wir ein Stück und biegen dann links in die Maisinger-Schlucht-Straße ein. Kurz darauf radeln wir schon entlang des Maisinger Bachs über Stege von einem ans andere Ufer. Der Weg ist auch ein beliebter Wanderpfad, Fußgänger haben Vorrang! Die Schlucht ist nicht so dramatisch wie eine Klamm im Gebirge, trotzdem hat sich hier der Bach tief in die Nagelfluhschichten hineingefressen.
Am Ende der Schlucht erreichen wir Maising. Dort radeln wir links zur Dorfstraße und folgen ihr zum Gasthof Ludwig. Ihm gegenüber führt ein schmaler Weg direkt über die Felder zum

Linke Seite: Der lang gezogene Starnberger See eignet sich auch hervorragend zum Schwimmen.

Unten: Schloss Possenhofen, Elternhaus der späteren Kaiserin Sisi von Österreich, ist heute in Privatwohnungen umgebaut.

Traumhafte Wege führen durch die Maisinger Schlucht.

Maisinger See und zum Biergarten Maisinger Seehof. Wir fahren mit mehr oder weniger Abstand am Ostufer des Sees entlang und kommen dann über die Felder nach Aschering. An der Kirche finden wir einen Wegweiser Richtung Andechs.

Jetzt geht es aufwärts in den Wald – ein Kinderspiel, wer ein E-Bike besitzt. Wir bleiben immer auf dem deutlich erkennbaren Hauptweg und treffen schließlich auf die Fahrstraße nach Machtlfing. Auf ihr geht es etwa 150 Meter nach links, dann zweigt rechts ein Weg ab, der uns an der Justizvollzugsanstalt Rothenfeld vorbei über die Felder zur großen Autostraße Starnberg–Andechs führt. Wir biegen links auf den Radweg ein, überqueren nach ca. 250 Metern die Straße und erreichen an der Friedenskapelle den alten Pilgerweg, der uns direkt zum Stellplatz und damit zum Kloster Andechs bringt.

Wohnmobilstellplatz Andechs

Unter dem Heiligen Berg

Ein gesegnetes Plätzchen Erde: Bewacht vom Heiligen Berg, auf dem die Wallfahrtskirche des Klosters Andechs thront, schläft man bestimmt tief und friedlich.

Mit Wasser, Strom und Entsorgung kann man gut und gern auch etwas länger bleiben. Aber der Stellplatz ist natürlich auch ideal für alle, die nach der Radtour den Tag im nahen Klosterbräu oder Biergarten des Klosters Andechs ausklingen lassen wollen. Das süffige Andechser Dunkel schmeckt nur allzu gut, da ist es eine Freude, dass man sein eigenes fahrbares Bett ganz in der Nähe hat.

€€€ ✗

Geeignet für Fahrzeuge in allen Größen und Längen können das ganze Jahr rund um die Uhr anreisen.

Adresse Wohnmobilstellplatz Andechs, Seefelder Str. 21, 82346 Andechs, Tel. 0171/4967238, wohnmobilstellplatz-andechs.de

Anfahrt A 96 bis Ausfahrt Inning, auf der Brucker Straße nach Inning und weiter nach Herrsching, dort am Ortsende links aufwärts nach Andechs

GPS 47.975300, 11.185514

Besonderheit Sehr nett: Zu jeder gelösten Nacht erhält man einen Verzehr-Gutschein für das Bräustüberl im Kloster Andechs.

3 Um den Forggensee

Das Tor zum Allgäu

leicht | 34 km | 350 Hm | 3.30 Std.

Startplatz Radtour
Wohnmobilstellplatz Camper's Stop, Füssen, s. S. 42

Tourencharakter
Hügelige und sehr sonnige Rundtour, größtenteils auf Rad- und Feldwegen und kleinen Nebenstraßen. Einige Anstiege sind zu meistern. Am Wochenende stark frequentiert. Badesachen nicht vergessen!

Der Forggensee ist zusammen mit den Allgäuer Bergen das prägende Bild dieses Radtouren-Klassikers. Zusammen mit dem Glitzern des Wassers sorgt diese einzigartige Prachtkulisse für jede Menge Glücksmomente zwischen Oberbayern und Ostallgäu.

Füssen und der Lech Wir wollen den Forggensee gegen den Uhrzeigersinn umrunden – das hat den Vorteil, dass die Einkehrmöglichkeiten auf der zweiten Hälfte der Runde liegen, aber natürlich wäre die Tour auch in die andere Richtung möglich. Wir starten in der Abt-Hafner-Straße, in der sich die Wohnmobilstellplätze befinden. Auf ihr geht es zur Hopfener Straße, der wir nach rechts bis zum großen Kreisverkehr folgen. Wir queren ihn und radeln auf der anderen Seite zunächst nach links weiter. Dann folgen wir der starken Rechtskurve, touchieren den Forggensee und radeln rechts in die Weidachstraße. Kurz darauf biegen wir nach dem Hotel Sommer links ein und folgen bald dem Lech flussaufwärts, also nach rechts. So erreichen wir die Staustufe Horn und überqueren dort den Lech. Dahinter biegen wir links in den Forchenweg ein und halten uns nun stets an die Radwegbeschilderungen »Forggensee-Runde« bzw. »Waltenhofen«.

Am Ostufer Über Horn erreichen wir Waltenhofen und das Ostufer des Sees. Direkt nach Waltenhofen teilt sich der Weg.

Start am Camping Brunnen

Radler, die vom Camping Brunnen aus starten, radeln geradeaus durch den Ort Brunnen und biegen kurz darauf links über die Mühlberger Ach. Damit ist man ebenfalls auf dem Forggensee-Radweg.

Viele See- und Bergblicke gewährt diese Radrundfahrt.

Der linke und schönste Weg direkt am Ufer entlang ist leider nur für Fußgänger freigegeben. Wir können aber einen der beiden anderen wählen – beide führen nach Brunnen, wo wir rechts abbiegen. Ein letzter Blick zurück zum Schloss Neuschwanstein lohnt sich, dann radeln wir links über die Mühlberger Ach und damit weiter gen Norden.

In den Sommermonaten verkehrt ein Ausflugsschiff auf dem Forggensee.

Jetzt wird es hügelig, und unser Radweg steigt an. Die Blumenwiesen rechts und links von uns entschädigen für alle Anstiegsmühen, und eventuell haben wir ja zum Glück auch Unterstützung durch ein E-Bike. Eine erste Pause gönnen wir uns am idyllischen Hegratsrieder Weiher. Er lädt zum Baden ein, aber auch dazu, einen genaueren Blick auf seine artenreichen

und geschützten Uferbereiche zu werfen. Gerade am nördlichen Ende, wo der kleine Bach in den See mäandert, wachsen im Frühjahr unendlich viele Mehlprimeln, Enziane und Sumpfdotterblumen – ein Biotop auf kleinstem Raum.
Da fällt der Abschied schwer, aber es geht nun weiter Richtung Norden, wobei unsere Beinmuskeln bzw. die Akkus noch einmal strapaziert werden. Aufwärts strampeln wir über Greith bis zur großen Straße bei Rauhenbichl. Die Anstrengung wird uns jedoch mit wunderbaren Ausblicken versüßt, so schön, dass wir uns allein schon deswegen so richtig Zeit lassen.

Rechte Seite: Das Café Maria ist ein beliebtes Lokal direkt am Forggenseeufer.

Herrlich sind die Aussichten vom Rastplatz am Panoramastadl über dem Illasbergsee.

Nordspange am Illasbergsee In Rauhenbichel folgen wir dem Radweg nach links. Gleich hinter Kniebis heißt es bremsen, denn wir rollen die zuvor gewonnenen Höhenmeter mit einem gewaltigen Schwung wieder abwärts und erreichen so den Illasberg-

see. Dieser ist eigentlich nur eine Bucht, die durch eine Engstelle mit dem Forggensee verbunden ist. Das große Badegelände mit Liegewiesen und Kiosk zeigt, wie gut man hier im Sommer ins Wasser springen kann.

Dahinter steigt der Radweg wieder an, und wir erreichen einen der schönsten Aussichtspunkte am Forggensee: Rund um den Panoramastadl blickt man über das Wasser auf die nahen Allgäuer Berge und fühlt sich wahrhaft königlich!

Haben wir uns von diesem Blick losgerissen, rollen wir hinunter zum Kraftwerk Roßhaupten, wo der Lech den Forggensee wieder verlässt. Vorbei an

Einkehrtipps

Es gibt unterwegs einige Einkehrmöglichkeiten: Sehr gut isst man in Waltenhofen im Gasthof am See. Aussichtsreich gelegen sind der Panoramastadl über dem Illasbergsee sowie gegen Ende der Tour das Café Maria direkt am Westufer des Forggensees.

Rechte Seite: Füssen am Lech

den Römerstelen, die auf die alte römische Straße Via Claudia aufmerksam machen, erreichen wir den Ortsrand von Roßhaupten.

Am Westufer Noch vor der großen B 16 biegen wir links in den Radweg ein, der uns nun in südlicher Richtung zurückführt. Bald queren wir auf der Tiefentalbrücke den Bernmoosbach, auch Drachenschlucht genannt. Kurz nach der Brücke radeln wir links – wir wollen nicht der B 16 auf dem Radweg folgen, sondern näher am Wasser entlangfahren. So erreichen wir den netten Weiler Dietringen. Über Wiesen fahren wir weiter nach Süden, wobei wir den See verlassen und uns an der Weggabelung rechts halten. An der T-Kreuzung geht es aber schon wieder links und gleich wieder rechts.

Als Nächstes erreichen wir Osterreinen und kommen ab dem Ortsausgang wieder in die Nähe des Sees. Abwärts rollen wir hinunter zum Café Maria, das sich gut für eine Pause anbietet. Der nächste Wegabschnitt ist dann besonders malerisch, und viel zu schnell erreichen wir die ersten Häuser von Ehrwang. Mit einem Schlenker unter der Autostraße hindurch besuchen wir das große Festspielhaus Neuschwanstein, halten uns am Ende der großen Parkanlage links und sind dann wieder in der Weidachstraße. Ab hier kennen wir den Rück- vom Hinweg, können jedoch auch geradeaus bleibend der Füssener Altstadt noch einen Besuch abstatten. Es lohnt sich, dort die Räder abzustellen und durch die Gassen zu bummeln, denn Füssen mit seinem äußerst quirligen Zentrum hat ein ganz eigenes Flair.

Füssen

Füssen sollte man unbedingt besichtigten. Vor 2000 Jahren war die Stadt ein Militärlager, mit dem die Römer vom Schlossberg aus ihre Via Claudia Augusta, die wichtigste Handelsstraße zwischen Norden und Süden, kontrollierten. Und diese Via Claudia gibt es in Füssen heute noch: Es ist die Reichenstraße, das Zentrum und die gute Stube der Stadt. Sie liegt unter dem Hohen Schloss, das sich die Augsburger Bischöfe Ende des 15. Jh. erbauen ließen und in dem heute ein Zweigmuseum der Bayerischen Staatsgemäldesammlung untergebracht ist. Sehenswert ist zudem das alte Kloster St. Mang, dessen Wurzeln bis in die Zeit um 750 zurückreichen.

Immer wieder treffen wir auf die Bissspuren einiger Biber.

4 Über den Alatsee zum Hopfensee

»Best of Ostallgäu«

mittel | 31 km | 300 Hm | 3 Std.

Startplatz Radtour
Camping Brunnen in Schwangau

Tourencharakter
Die Tour verläuft vorwiegend auf Radwegen und nur wenig auf Nebenstraßen. Die Steigungen liegen vor allem am Beginn der Runde. Mit einem E-Bike ist die Runde als »leicht« einzustufen.

Rund um Füssen und den großen Forggensee gibt es noch eine Reihe weiterer Seen, die – im Gegensatz zum Forggensee – alle natürlichen Ursprungs sind. Auf dieser Radtour besuchen wir den mystischen Alat- und den idyllischen Hopfensee.

Nach Füssen und zum Alatsee Vom Campingplatz Brunnen radeln wir in den Ort Brunnen und biegen rechts in die Forggenseestraße ein. Wir sind nun auch auf dem Forggensee-Rundweg unterwegs und folgen der kleinen Straße bald durch Waltenhofen, wo wir am Ortsende, nun wieder auf einem Radweg, in Seenähe radeln. Es dauert jedoch nicht lange, und wir biegen etwas nach links weg vom See und fahren den Schelleweg querend durch Horn. Die Radwegbeschilderung nach Füssen lotst uns bald nach rechts, und wir radeln am Waldrand zum Kraftwerk

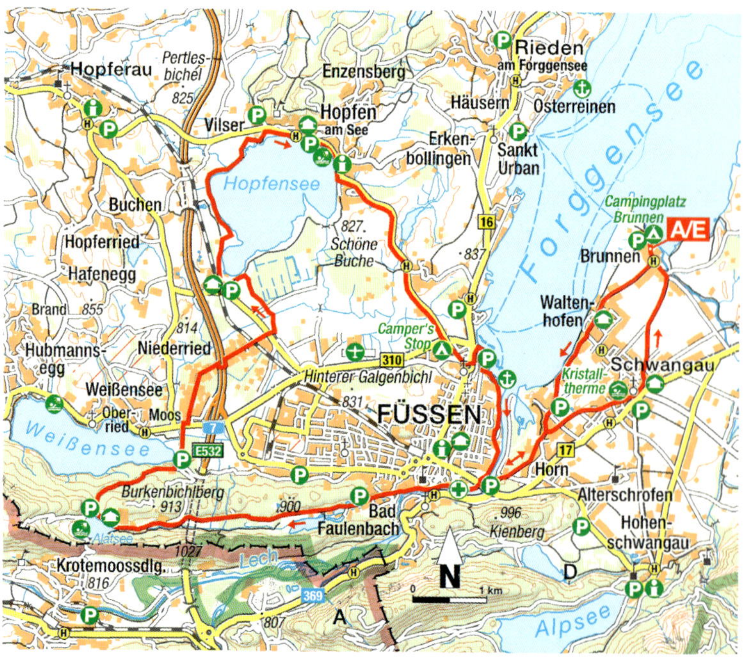

Horn, die letzte Staustufe bevor der Lech zum Forggensee wird. Schiebend dürfen wir die Staustufe queren.

Auf der anderen Seite halten wir uns links und bleiben nun immer in Lechnähe. Flussaufwärts passieren wir Füssen und seine Altstadt – wer der Stadt einen Besuch abstatten möchte, wendet sich an der Brücke nach rechts. Ansonsten bleiben wir dem Lech treu, passieren den Schlossberg auf dem Faulenbachgässchen, das weiter geradeaus zur Alatseestraße wird. Nun steigt die Straße an; wir radeln durch Bad Faulenbach mit seinem großen Kurpark und passieren einige Seen. Am Mittersee gibt es sogar einen Badeplatz, aber noch haben wir den Anstieg

Rund um den Alatsee verlaufen kleine Spazierwege – Fußgänger haben hier immer Vorrang!

Oben: Der Hopfensee mit seinem gigantischen Bergpanorama ist besonders schön.

nicht ganz geschafft. Es wird etwas steiler, zum Glück geht es durch den Wald. Dann erreichen wir den Alatsee und haben uns nun eine erste Pause verdient.

Start in Füssen

Radler, die vom Wohnmobilstellplatz Camper's Stop aus starten, folgen – wie zum Ende der Tour beschrieben – dem Radweg zur Staustufe Horn und setzen ab da den Radweg flussaufwärts fort.

Mystisches Gewässer Um den Alatsee ranken sich jede Menge Mythen. Er kann sich blutrot verfärben, also »bluten«, was man zu früheren Zeiten als Zeichen für kommendes Unheil deutete. In ihm sollen Gespenster hausen, die alle Menschen in die Tiefe zögen, die sich seinem Ufer näherten. Und zu guter Letzt sollen am Grund des Sees Goldschätze des Dritten Reichs versenkt worden sein – ein Gerücht, das bereits zahlreiche Schatzsucher anlockte. Hinter all diesen Geschichten verbirgt sich ein ungewöhnliches Ökosystem: Der See ist knapp 35 Meter tief und in seiner oberen Hälfte

Den Weißensee touchieren wir nur, aber ein Abstecher zum Badeplatz lohnt sich.

völlig normal – aber in gut 15 Metern Tiefe befindet sich eine leuchtend rote Schicht von Schwefelbakterien, die aufsteigen und damit vom Ufer aus sichtbar werden können.

Alle drei Seen, auch der Weißensee, sind im Sommer bei Badegästen sehr beliebt.

Abwärts zum Hopfensee Weiter geht es am nördlichen See-Ende. Wir radeln über den Parkplatz und folgen der geteerten Zufahrtsstraße bergab. Im Tal erreichen wir das östliche Ende des Weißensees. Wer möchte, kann nach links sein Ufer erkunden, für unsere Tour bleiben wir aber geradeaus. Kurz darauf queren wir die große B 310. Auf der anderen Seite folgen wir rechts dem Moosweg, biegen dann jedoch links in den Geometerweg,

In der Füssener Altstadt gibt es viel zu entdecken.

der uns vorbei am Gasthaus Jägerhaus durch den lichten Wald des Wasenmooses führt. Mit einem Rechts-links-Schwenk geht es unter der Autobahn hindurch, auf der anderen Seite dann links und wieder rechts weiter. Schnurgeradeaus queren wir auch noch die Bahngleise und im Anschluss eine Straße. Wenige Meter später biegen wir dann links in den Radweg ein, der uns nun direkt ans Hopfensee-Südufer bringt.

Dort geht es nach links, und wir umrunden den Hopfensee im Uhrzeigersinn. Unterwegs könnten wir uns mit einem Abstecher im Landhotel Wiesbauer stärken, aber auch am Nordufer wird noch Gelegenheit für eine Pause sein. Schließlich erreichen wir am Freizeitgelände wieder eine Straße, radeln nach rechts auf der Uferstraße durch den Ort Hopfen am See und können nun spätestens hier eine verdiente Rast einlegen – die Seepromenade mit ihren schönen Grünanlagen bietet dafür viele Plätze.

Kneipptretbecken in Bad Faulenbach

Linke Seite:
Oben: Am Alatsee können wir im gleichnamigen Gasthaus einkehren.

Unten: Auch im Herbst ist diese Radrunde wunderschön, vor allem wenn das Laub sich verfärbt.

Zurück über Füssen Am Ortsende folgen wir weiter der Uferstraße, die sich nun vom See wegwendet. Für uns gibt es einen eigenen Radweg entlang der Straße, der uns rasch nach Füssen bringt. Kurz bevor wir die Stadt erreichen, überqueren wir die B 310 und passieren die Abt-Hafner-Straße, in der sich die Wohnmobilstellplätze befinden. Weiter geradeaus geht es zum großen Kreisverkehr. Wir queren ihn und radeln auf der anderen Seite zunächst nach links weiter. Dann folgen wir der starken Rechtskurve, touchieren den Forggensee und fahren rechts in die Weidachstraße.

Wer jetzt noch die Füssener Altstadt besichtigen möchte, bleibt hier geradeaus; alle anderen biegen nach dem Hotel Sommer links ein und folgen bald dem Lech flussaufwärts, also nach rechts. So erreichen wir wieder die Staustufe Horn und kennen ab hier den Rück- vom Hinweg. Alternativ kann man sich in Horn rechts halten, um über die Kristall-Therme und Schwangau zurückzuradeln.

Wohnmobilstellplatz Camper's Stop

Für den Kurztrip nach Füssen

Der geschotterte einfache Stellplatz liegt im Norden von Füssen in einem kleinen Gewerbegebiet mit Einkaufsmöglichkeiten. Die zwei Kilometer entfernte Altstadt erreicht man mit dem Fahrrad oder zu Fuß in ca. 30 Minuten.

Der schöne Stellplatz kann unkompliziert zu jeder Tages- und Nachtzeit angefahren werden, bezahlt wird über den Automaten. Er ist nur für Wohnmobile und nicht für Wohnwägen geeignet. Strom, Entleerung, Frischwasser, Geschirrabwasch, Waschmaschine, Trockner, Duschen und Sanitäranlagen sind vorhanden und gegen eine Gebühr nutzbar. Es gibt mit dem »Am Platzerl« auch eine kleine Gastronomie. Gleich daneben findet man einen Getränkemarkt und Supermärkte.

€€€

Geeignet für Camper und Wohnmobilfahrer. Alle, die Füssen ganz unkompliziert besichtigen wollen und nur als Stop-Over für eine Nacht anreisen

Adresse Wohnmobilstellplatz Camper's Stop, Abt-Hafner-Str. 9, 87629 Füssen, Tel. 08362/940104, wohnmobilplatz.de

Anfahrt A 7 bis Ausfahrt Füssen oder über die B 16 nach Füssen

GPS 47.58229, 10.70100

Besonderheit In der Abt-Hafner-Straße gibt es noch weitere Wohnmobilstellplätze, u. a. am Sportstudio (mit Duschen und Sauna).

Camping Brunnen

Königlich übernachten

Unweit der Schlösser Neuschwanstein und Hohenschwangau liegt der Vier-Sterne-Campingplatz Brunnen am Forggensee. Wellness und Genuss gibt's gegen Entgelt, die großartige Landschaft ringsum hingegen ist gratis.

In der Brunnenbucht am Forggensee liegt abseits der großen Straßen dieser herrliche Campingplatz im Ortsteil Brunnen bei Schwangau. Neben den üblichen Sanitäreinrichtungen gibt es die »Relax Alm« mit Saunalandschaft und Whirlpool. Direkt auf dem Gelände befindet sich zur Einkehr das Restaurant Brunnenstüberl. Darüber hinaus liegt der Badestrand unmittelbar vor der Tür. Der Platz ist sehr beliebt, in den Ferien gibt es eine Mindestaufenthaltsdauer.

Geeignet für Wohnmobilfahrer und Zeltler. Auch für Familien mit Kindern ist einiges geboten: u. a. Abenteuer- und Kinderspielplatz, Bolzplatz, Beachvolleyball und Tischtennis.

Adresse Camping Brunnen, Seestr. 81, 87645 Schwangau, Tel. 08362/8273, camping-brunnen.de

Anfahrt A 96 bis Ausfahrt Landsberg, weiter auf der B 17 Richtung Füssen und bei Schwangau rechts zum Campingplatz. Der Campingplatz liegt am Ostufer des Forggensees.

GPS 47.596625, 10.738684

Besonderheit Direkt am Ufer beim Campingplatz legen die Schiffe der Forggensee-Schifffahrt an (u. a. auch zum Festspielhaus in Füssen).

Idylle am Hopfensee

5 Durchs Murnauer Moos

Ein geschütztes Paradies

leicht | 40 km | 300 Hm | 3.30 Std.

Startplatz Radtour
Camping Brugger am Riegsee, s. S. 53

Tourencharakter
Nahezu ebene Rundstrecke, vorwiegend auf Feld- und Radwegen. Im Sommer sehr heiß, es gibt wenig Schatten. Beste Blütezeit für die geschützten Blumen im Moos ist Ende Mai/Anfang Juni.

Das Murnauer Moos ist das größte zusammenhängende Moorgebiet Mitteleuropas – ein Juwel von außergewöhnlicher Schönheit, das unter Naturschutz steht. Besonders im Frühsommer schimmern die Moorwiesen blau und lila: Iris und Knabenkrautgewächse zaubern diese Farbenpracht.

Nach Murnau Wir starten am Campingplatz Brugger und verlassen ihn auf dem kleinen Feldweg am Südende des Platzes, der nur für uns Radfahrer und Fußgänger freigegeben ist. Wir befinden uns hier zugleich auf dem Riegsee-Rundweg, auf dem wir kurz darauf eine kleine Straße erreichen. Ihr folgen wir nach links und radeln über Egling, vorbei am Schloss Neuegling, nach Froschhausen. Auf der anderen Seite beginnt nach rechts ein ansteigender Radweg, der Richtung Murnau ausgeschildert ist.

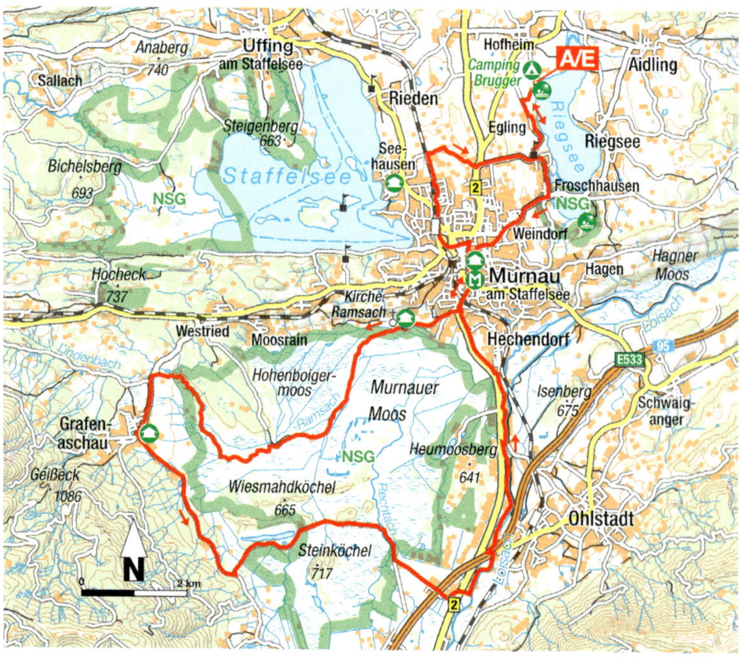

Dafür folgen wir im Zickzack der Beschilderung in die Ortsmitte, wo wir am besten durch die Pfarrstraße und dann rechts die Schlossbergstraße das untere Ende des Obermarkts erreichen. Die Stadtbesichtigung können wir uns für das Ende der Tour aufheben, hierher kommen wir nach der Runde zurück.

Pausen, um die Landschaft zu genießen, gehören bei dieser Radrunde unbedingt dazu.

Oben: In der Murnauer Altstadt finden wir jede Menge Straßencafés.

Ähndl und Moosrundweg Wir biegen links in den Untermarkt ein und bleiben dann an den beiden größeren Kreuzungen immer geradeaus, in südliche Richtung. Wir sind nun auf der B 2 unterwegs, der Olympiastraße, die ihren Namen der Winterolympiade 1936 in Garmisch-Partenkirchen zu verdanken hat. Bald beginnt auf der für uns falschen Seite ein abgetrennter Radweg, den wir nur ein kurzes Stück

Meist radeln wir völlig eben durch das Murnauer Moos, beobachtet nur von ein paar Kühen.

nützen. Schon bald nachdem wir unter der Bahn hindurch gefahren sind, geht es für uns rechts in die Ramsachstraße. Das Murnauer Moos ist ebenfalls ausgeschildert. Leicht bergab erreichen wir nach dem großen Wanderparkplatz das kleine Georgskirchlein und die Gaststätte Ähndl.

Genau unterhalb von Kirche und Gasthaus fahren wir links über eine kleine Brücke und folgen nun dem Moosrundweg, der sich gleich nach rechts wendet. Immer dem Hauptweg folgend, geht es mit traumhafter Aussicht durch das Moor. Im Süden

blicken wir auf die Zugspitze und die Berge rund um das Ettaler Mandl. Einige wenige knorrige Bäume trotzen dem sauren Moorboden, und wir freuen uns über die plätschernde Ramsach, die später zum Lindenbach wird. Das Gewässer begleitet uns treu, und vorbei an einem kleinen Moorsee erreichen wir eine Autostraße, der wir nach links folgen. So sind wir schnell in Grafenaschau, wo uns die Terrasse des Cafés Habersetzer zu einer Pause lockt.

Im Naturschutzgebiet gibt es auch vieles am Wegrand zu entdecken, wie diesen Baumschwamm.

Mitte: Die Radrunde ist heute durchwegs sehr sonnig.

Am Fuß der Ammergauer Berge Alsdann setzen wir unsere Fahrt durch Grafenaschau fort und folgen dabei zunächst der Beschilderung nach Eschenlohe. Auffällig ist die freie Fläche am Berghang vor unserer Nase: 2015 gab es hier nach einem Hochwasser einen verheerenden Erdrutsch. Da der Untergrund des Hangs aus Flysch besteht, also instabilem Sedimentgestein, verwandelte ihn das Wasser in einen flüssigen Brei, der schließlich alles in seiner Umgebung mit sich riss.

Rechte Seite: Das Ramsachkirchlein »Beim Ähndl«

Unser Weg führt nun mal mehr und mal weniger nah am Fuß der Ammergauer Alpen entlang und fordert uns im Auf und Ab. Dann müssen wir aufpassen, um die nächste nicht beschilderte Abzweigung nicht zu übersehen.

Zum Langen Köchel Etwa drei Kilometer nach Grafenaschau verlassen wir die Straße nach links auf einen Feldweg – diese Stelle ist nicht beschildert, aber es ist der einzige etwas größere Feldweg, der hier abzweigt. Er führt fast schnurgerade auf den Langen Köchel zu mit seinem aufgelassenen Hartsteinwerk und den Abraumhalden. Diese steinernen Köchel, die aus dem Moor herausragen, sind eine Besonderheit: Sie entstanden in der Kreidezeit und bestehen aus extrem hartem Stein, dem Glaukoquarzit. Abgebaut wurden die Köchel im Werdenfelser Hartsteinwerk. Das führte viele Jahre lang zu großen Kontroversen zwischen Naturschützern und der Industrie, bis im Jahr 2000 der Abbau eingestellt wurde.
Heute gilt der Ort als Geheimtipp, den man sich nicht entgehen lassen sollte. Im einstigen Steinbruch hat sich das Grundwasser gesammelt, und so finden wir hier einen idyllischen, fast schon mystischen See vor, der von steilen Felswänden eingerahmt wird und den wir am besten erkunden, indem wir die Räder kurz abstellen.

Murnau

Außer den kunsthistorisch bedeutenden Kirchen und dem Schloss aus dem 15.–16. Jh. besitzt Murnau eine überaus hübsche, in eine Fußgängerzone umgewandelte Marktstraße. Der Architekt Emanuel von Seidl gestaltete um 1910 die nach mehreren Bränden völlig zerstörte Innenstadt neu. Dekorative Bürgerhäuser, stattliche Gasthöfe und das neugotische Rathaus mit dem Porträt des Kaisers Ludwig der Bayer säumen sie. Hier lässt es sich wunderbar einkehren, Kaffee trinken oder ein Eis essen.

Loisachwege Vom Köchel fahren wir am See entlang, verlassen langsam das Moos und überqueren beim Gutshof Weghaus die Autobahn. Gleich danach halten wir uns links und stoßen auf die leider stark befahrene Bundesstraße. Auch wenn das nun kein offizieller Radweg ist, queren wir die Straße und folgen dem Pfad über eine Wiese zum Radweg. (Falls der Bauer irgendwann kein Einsehen mit uns Freizeitsportlern mehr hat und die Wiese sperrt, müssen wir rechts haltend an der Straße entlangfahren. Gleich am Gewerbegebiet Eschenlohe ginge es dann links auf den Loisachradweg.)

Jetzt geben Loisach und Radweg unseren weiteren Streckenverlauf vor. Bei Ohlstadt folgen wir in einem Links-rechts-Knick dem Weg und dem Radwegschild »Murnau« und fahren unter der Autobahn durch. Bei Hechendorf haben wir schon wieder Murnau erreicht. Jetzt müssen wir erneut aufwärts und haben hoffentlich noch etwas Zeit übrig, den Obermarkt zu erkunden.

Alternativer Rückweg Will man nicht auf demselben Weg zurückradeln, folgt man der Beschilderung zum Murnauer Bahnhof. Dafür biegt man nach dem Griesbräu im Obermarkt links in die Griesbräustraße ein, die später zum Ödön-von-Horvath-Weg wird, auf dem man die B 21 überquert. Der Radweg führt verkehrsberuhigt zum Murnauer Bahnhof. Von dort bleibt man in Fahrtrichtung Norden und wählt bald den Radweg, der nach Uffing beschildert ist. Nach dem Murnauer Neubaugebiet folgt man ein Stück den Bahngleisen und biegt am Bahnübergang auf die freien Felder rechts ab. Man ist nun auf dem Riedhauser Panoramaweg unterwegs, der seinem Namen alle Ehre macht. Immer auf dem Hauptweg bleibend führt dieser in westlicher Richtung zur großen B 2. Diese wird vorsichtig gequert, dann geht es auf der anderen Seite links und rechts in die Poschinger Allee, auf der man wieder das Schloss Neuegling erreicht und dort nach links rasch wieder am Campingplatz ist.

Vom Murnauer Moor blickt man auf das Estergebirge.

Camping Brugger am Riegsee

Mitten im Pfaffenwinkel

Direkt am Riegsee gelegen, blickt man vom Campingplatz Brugger über das Wasser hinweg auf die Berge und logiert zugleich unweit des Städtchens Murnau im Herz des Pfaffenwinkels, einer Gegend, die für ihre zahlreichen Klöster und Kirchen bekannt ist.

Stellplätze in den unterschiedlichsten Kategorien warten auf uns Camper: Es gibt sie mit extra großen Terrassen, mit Seeblick oder direkt am Wasser und auch ganz unkompliziert für nur eine Übernachtung. Zusätzlich gibt es einen eigenen Zeltplatz für die Kombi VW-Bus/Zelt – also ideal für alle (vor allem Familien), die mit mehreren Betten unterwegs sind. Dazu locken ein Spielplatz, der Badestrand und der direkte Zugang zum Riegsee, einem der schönsten Badeseen im ganzen Umland.

€€

Geeignet für Familien, Wasserratten, Sonnenanbeter (es gibt nur wenig Schatten)

Adresse Campingplatz Brugger, Seestr. 2, 82447 Spatzenhausen, Tel. 08847/728, camping-brugger.de

Anfahrt B 2 Richtung Murnau und kurz vor Murnau links zum Riegsee – der ausgeschilderte Campingplatz liegt an seinem Westufer.

GPS 47.706751, 11.218013

Besonderheit Direkt am Platz können Frühaufsteher traumhafte Sonnenaufgänge über dem Wasser erleben.

6 Zu den Isarquellen

Seitensprung nach Tirol

mittel	43 km	650 Hm	4.30 Std.

Startplatz Radtour
Wohnmobilstellplatz am Mittenwalder Bahnhof, s. S. 64

Tourencharakter
Bei dieser Streckenradtour folgt man der Isar flussaufwärts. Bis zur Grenze nach Scharnitz ein Kinderspiel, die Fahrt ins Isarautal führt dann über eine Forststraße und ist etwas anstrengender, mit dem E-Bike jedoch völlig unkompliziert.

Eine der schönsten Fahrradtouren führt von Mittenwald über Scharnitz nach Österreich zum Isarursprung. Wer die erste Steigung ins Isarautal geschafft hat, kann beruhigt dem Flusslauf folgen – danach steigt die Straße nur noch minimal an, belohnt jedoch mit sensationellen Bergblicken aufs Karwendel.

Buckelwiesen und Porta Claudia Vom Stellplatz queren wir die Gleise am südlichen Ende des Bahnhofsgeländes und folgen dann links dem Mühlenweg, bis wir die große Isarbrücke an der Innsbrucker Straße erreichen. Diesmal queren wir die Isar und biegen dann gleich rechts in die Riedkopfstraße ein. An ihrem Ende geht es erneut über die Isar, diesmal nach rechts, dann radeln wir an den Tennisplätzen vorbei in den Riedboden. Nahezu eben fahren wir durch die herrlich gewellten, für diese Region so typischen Buckelwiesen. Links von uns erhebt sich die Westliche Karwendelspitze, während wir am Fuß des Riedbergs nach

Mittenwald

Das Herz von Mittenwald schlägt am Obermarkt, in der Fußgängerzone. Die Häuser sind alle reich bemalt und teilweise sehr alt. Kein Neubau stört den Gesamteindruck. Zahlreiche Straßencafés und Gaststätten locken zur Einkehr, überall gibt es nette Läden zum Bummeln, und dazwischen plätschert ein offener Bachlauf. Rund um die Pfarrkirche St. Peter und Paul und im Ortsteil Gries entdeckt man die ältesten Häuser. In die barocke Pfarrkirche sollte man unbedingt einen Blick werfen: Nicht nur in ihrem Inneren, auch am Turm gibt es Fresken von Matthäus Günther zu bewundern, die zusammen mit der reichen Stuckausstattung von Anton Schmutzer die Kirche zu einer der schönsten Barockkirchen in Südbayern macht.

Rechte Seite:
Oben: Die Radtour führt mitten ins Karwendelgebirge, aber auf guten, für jedermann befahrbaren Wegen.

Unten: Tor in der Wehrmauer der Porta Claudia

Süden radeln. Bald passieren wir die Grenze nach Österreich und kommen nach einem Wanderparkplatz wieder an die Isar. Bevor es auf der Brücke über den Fluss geht, lohnt sich rechts ein Abstecher zu Fuß hinauf zu den Ruinen der Porta Claudia: Die historische Wehranlage gehört zu den großen Wehrbefestigungsanlagen Österreichs, die im Dreißigjährigen Krieg errichtet wurden.

Hinauf zur Gleirschhöhe Danach queren wir die Isar und folgen rechts dem Schanzweg unter der neuen Umgehungs-

Rechte Seite:
Oben: Die noch recht junge Isar in ihrem Oberlauf

Unten: Das Informationszentrum des Naturparks Karwendel in Scharnitz

Eine der Isarquellen mit ihrem glasklaren, eiskalten Wasser

straße hindurch. So treffen wir auf die Hauptstraße, der wir ein Stück nach rechts folgen. Vor der Kirche Maria Hilf biegen wir links in die Hinterautalstraße ein (Schild »Isartäler«) und sind nach einigen Häusern schon entlang der Isar unterwegs. Nach dem Seitenarm des Karwendelbachs steigt die Straße an. Aber keine Angst, schon beim Gasthof Wiesenhof haben wir das Gröbste geschafft – ab hier ist der stetige weitere Anstieg als moderat zu bezeichnen, und schlussendlich stehen wir auf der Gleirschhöhe an einem herrlichen Aussichtspunkt mit einem Gedenkkreuz. Jetzt sind wir weit oberhalb der Isar und blicken in die Isarschlucht hinunter.

Die Quellen Mit herrlicher Aussicht rollen wir hinab zur Isar und erreichen im weiteren Verlauf der Isar folgend den Alpengarten, wo wir die Räder abstellen können. Zu Fuß sind es nur wenige Minuten bis zur Isarquelle, die sich auf mehrere Wasseraustrittsstellen verteilt. Das Wasser strömt glasklar aus den Bergen und sammelt sich zu Bächen, die dann vereint zum vorderen Quellfluss in den großen Lafat-

scherbach fließen. Erst ab hier heißt der Fluss Isar. Wer möchte, kann den Weg noch bis zur Kastenalm fortsetzen – der Senner verkauft in den Sommermonaten Getränke und kleine Brotzeiten.
Andernfalls rollen wir nun auf dem Rückweg fast ohne Anstrengung bis nach Scharnitz hinaus, nur kurz vor der Gleirschhöhe müssen wir noch einmal bergauf.
Als Alternative für den Rückweg über den Riedboden können wir auch den Radweg nach Mittenwald entlang der Eisenbahn wählen.

7 Um den Mittenwalder Kranzberg

Buckelwiesen und Bergseen

mittel | 30 km | 350 Hm | 3 Std.

Startplatz Radtour
Wohnmobilstellplatz am Mittenwalder Bahnhof, s. S. 64

Tourencharakter
Technisch sehr einfache Tour, meist auf breiten unbefahrenen Forstwegen mit nur wenigen Anstiegen (einer gleich zu Beginn). In und um Mittenwald muss man mit Straßenverkehr rechnen. Bademöglichkeit

Die Tour beeindruckt vor allem durch die Bergseen und das gigantische Alpenpanorama, dazu locken zwei Schlösser und die lebendige Mittenwalder Altstadt. Absolut einmalig sind jedoch die Buckelwiesen, eine geologische Kostbarkeit, entstanden durch den Isargletscher.

Lautersee und Ferchensee Vom Stellplatz am Mittenwalder Bahnhof queren wir die Gleise am südlichen Ende des Bahnhofsgeländes und folgen dann links dem Mühlenweg bis zur großen Innsbrucker Straße. Für wenige Meter radeln wir nach links, dann folgen wir rechts aufwärts der Leutascher Straße. Die ersten 350 Meter teilen wir uns die Straße noch mit den Autos, bleiben dann aber in der ersten Serpentine geradeaus auf dem nur für Anlieger freigegebenen Forstweg. Nun steht der nächste längere, jedoch nicht besonders steile Anstieg bevor. Wir passieren

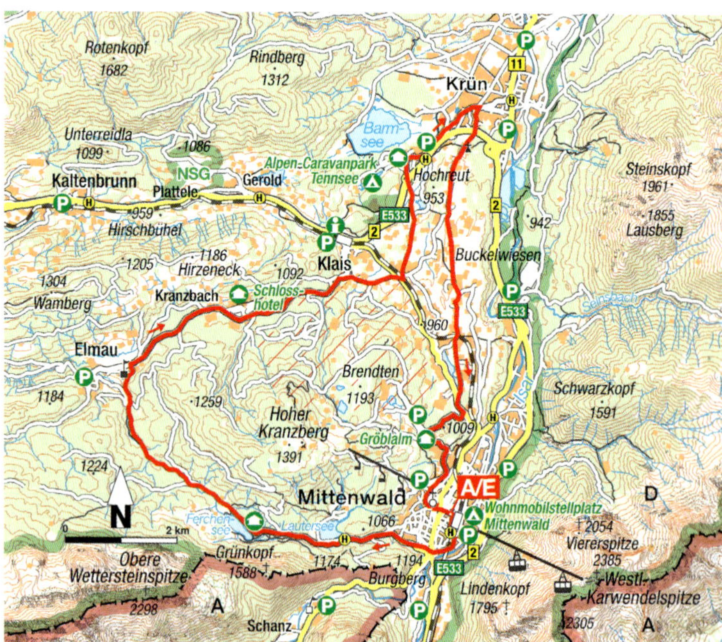

einige Ferienhäuser, von deren Parkplatz aus wir einen schönen Blick auf Mittenwald erhaschen, dann geht es direkt in westlicher Richtung zum Lautersee. Die direkte Uferstraße ist jedoch nur Fußgängern vorbehalten, und so bleiben wir für die Weiterfahrt auf der etwas oberhalb des Südufers gelegenen Zubringerstraße und genießen von dort das herrliche Panorama über den Bergsee auf das Karwendelmassiv.

Wir radeln auf dem Hauptweg weiter und verlieren auf der Strecke zum Ferchensee schon wieder an Höhe. Am See finden wir dann direkt neben der Strecke gelegen einige schöne Badestellen – im Sommer sollte man sich die Abkühlung in diesem grün leuchtenden Bergsee nicht entgehen lassen, er ist nicht so kalt, wie er aussieht!

Zahlreiche Fresken in Mittenwald zeigen Bibelszenen.

Oben: Ein Luxus-Hideaway: Schlosshotel Kranzbach

Start am Alpen-Caravanpark Tennsee

Wer auf dem Alpen-Caravanpark Tennsee übernachtet, kann mit der Radtour über die Buckelwiesen einfach am Tennsee beginnen. Die Strecke zum Isarursprung (Tour 6) ist von hier aus hingegen etwas länger (entweder mit der Anfahrt nach Mittenwald ebenfalls über die Buckelwiesen oder auf dem Radweg parallel zur B 2).

In der Mittenwalder Marktstraße spielt sich das Leben im Freien ab.

Wir passieren das Gasthaus Ferchensee, und gut 800 Meter danach teilt sich unser Weg: Rechts geht es für gut konditionierte Mountainbikefahrer hinauf zum Kranzberg, wir bleiben jedoch links und halten uns nach gut 100 Metern rechts, um fortan der Beschilderung »Rund um den Kranzberg« bzw. »Zum Schloss Elmau« zu folgen.

Hideaways und Buckelwiesen Die Fahrt verläuft fast eben, und so erreichen wir schnell das wunderschön gelegene Schlosshotel Elmau, das jedoch nur für Hotelgäste geöffnet hat. Wir passieren den Parkplatz und radeln dann rechts in die Elmauer Straße, eine Mautstraße, auf der auch Autos unterwegs sind. Ein kleiner Gegenanstieg ist zu meistern, danach erreichen wir das nächste Luxushotel, Schloss Kranzbach.

Weiter folgen wir der Mautstraße und werden kurz vor Klais rechts auf einen Feldweg gelotst, der uns zu den ersten Buckelwiesen bringt. Diese sind aus Bodenwellen entstanden, die am Ende der Eiszeit vom Gletscher durch das jahreszeitliche Vor- und Zurückrücken des Eises geformt wurden. Regen- und Schmelzwasser wurden, als die ersten Bäume standen, von diesen abgeleitet, und so formten sich diese kleinen Buckel. Nach der Rodung der Wälder blieben sie zurück. Diese

Landschaftsform ist so einzigartig, dass sie unter Naturschutz steht. Hier in der Gegend um Mittenwald gibt es besonders viele davon.

Barmsee und Tennsee Wir erreichen eine Autostraße, die wir etwas nach rechts versetzt samt Bahnlinie queren und uns dann links Richtung Tennsee halten. Mit einer kleinen Abfahrt radeln wir dann nach links, um den Tennsee nicht direkt anzusteuern, denn er ist von einem großen Campingplatz umgeben. So passieren wir nur die Zufahrt zum Campingplatz, radeln unter der großen Bundesstraße hindurch und können nun im Alpengasthof Barmsee einkehren oder dem dahinter liegenden See einen Besuch abstatten. Nach der Pause folgen wir der Radwegbeschilderung Richtung Mittenwald, die uns entlang der Bundestraße nach Bärnbichl führt, einem Ortsteil von Krün. Kurz nach dem Café Landhaus Pfeiffer biegen wir

Unten: Pause am Gasthaus Barmsee

Brotzeit auf der Goas-Alm

rechts in die Hochstraße ein, die ihrem Namen alle Ehre macht: Aufwärts geht es, bald unter der B 2 hindurch. Entschädigt werden wir für unsere Mühen mit dem Blick auf die hübsche Kapelle Maria Rast, die viel jünger ist, als sie aussieht.

Immer geradeaus liegt nun ein genussvoller Wegabschnitt vor uns. Mit Blick auf das Karwendel links und die Garmischer Bergwelt rechts durchqueren wir die Buckelwiesen und erreichen die Goas-Alm. Hier können wir gut eine Pause einlegen und auch regional einkaufen – der selbst gemachte Ziegenkäse schmeckt hervorragend, und seine Rohstofflieferanten stehen rund um das Haus und lieben die saftigen Buckelwiesen genauso wie wir!

Fahrradspaß zwischen Ferchen- und Lautersee

Rechte Seite: Wirtsgarten an der Ferchensee-Alm

Zurück nach Mittenwald Wir folgen nun weiter den Radwegschildern und der Beschilderung nach Mittenwald und rollen mit einem fantastischen Blick auf das Karwendel gleich darauf abwärts. An der nächsten Wegkreuzung bleiben wir rechts, weiter den Berg hinab, und folgen nach der Eisenbahnunterführung dem Schild »Gröblalm« nach links. Wir passieren den Schmalsee und treffen auf die Staatsstraße, in die wir für ein kurzes Stück links einbiegen (Pfad neben der Straße). Am Schild »Kranzberg Wandergebiet« verlassen wir die Straße nach rechts und haben jetzt noch hoffentlich etwas Energie übrig, denn nun geht es zum letzten Mal durch den Wald aufwärts.

An der Kreuzung biegen wir nach links und erreichen die Gröblalm, in der wir zum Finale noch einmal einkehren können. Abwärts folgen wir alsdann nur noch dem Gröblweg nach links und genießen dabei die Sicht auf Mittenwald. Der Weg bringt uns hinunter in den Ortsteil Gries. Mit einem Links-rechts-Schwenk erreichen wir die Mathias-Klotz-Straße und damit den Anfang der Mittenwalder Fußgängerzone. Durch die Hochstraße radeln wir in die Bahnhofstraße und auf ihr zurück zum Bahnhof Mittenwald.

Wohnmobilstellplatz Mittenwald

Mittendrin in der Alpenwelt

Der einfache Stellplatz ist ideal für alle, die unabhängig bleiben und tagsüber in der herrlichen Alpenwelt des Karwendels unterwegs sein möchten. Ideal: Nach Vorlage des Parkscheins gibt's in der Mittenwalder Gästeinfo die AlpenweltCard mit Vergünstigungen.

Nur fünf Minuten zu Fuß von der quirligen Mittenwalder Marktstraße mit ihren vielen Cafés und Restaurants entfernt und mit einmaliger Aussicht auf das Karwendelgebirge findet man den einfachen, stromlosen Stellplatz unweit des Bahnhofs. Zum Glück fahren tagsüber nur wenige Züge und nachts schon gleich gar keine. Die Fahrzeuge stehen zum Teil auf Schotter bzw. Asphalt. Es gibt ein öffentliches WC.

€€€

Geeignet für Camper, die auch ohne Strom auskommen. Für Familien mangels Spielflächen weniger geeignet

Adresse Wohnmobilstellplatz Mittenwald, Albert-Schott-Str. 35 (am Bahnhof), 82481 Mittenwald, alpenwelt-karwendel.de/wohnmobilstellplatz-mittenwald

Anfahrt A 95 nach Garmisch und dort weiter nach Mittenwald bis in die Ortsmitte; der Stellplatz/Parkplatz P1 befindet sich direkt neben dem Bahnhof an den Gleisen.

GPS 47.437583, 11.264037

Besonderheit Der Platz lässt sich in bar oder per App (Easypark) bezahlen – praktisch, wenn man kein Wechselgeld parat hat.

Alpen-Caravanpark Tennsee

Traum-Lage am Isarwinkel

Der Caravanpark befindet sich bei Krün, etwas außerhalb von Mittenwald – mit Fahrrädern ideal, wobei es am Campingplatz sogar einen Verleih gibt. Zusätzlich glänzt der Platz mit seiner traumhaften Lage am Tennsee.

Der ganzjährig geöffnete Campingplatz ist mit jedem erdenklichen Komfort ausgestattet. So gehört zu jeder Parzelle eine eigene Grünfläche, Dusch- und Sanitäreinrichtungen sind ebenso vorhanden wie Strom- und Gasanschlüsse. Seinen Traumstellplatz kann man sich schon vorab reservieren, was angesichts der Beliebtheit sicherlich nicht schadet, immerhin übernachten wir mitten in den typischen Buckelwiesen der Karwendel-Bergwelt.

€€

Geeignet für Camper und Wohnmobilfahrer, auch ideal für Familien mit Kindern

Adresse Alpen-Caravanpark Tennsee, Am Tennsee 1, 82494 Krün, Tel. 08825/17-0, camping-tennsee.de

Anfahrt A 95 nach Garmisch und dort weiter auf der B 2 Richtung Mittenwald. Der Campingplatz liegt noch vor Mittenwald rechts der Straße.

GPS 47.490396, 11.255034

Besonderheit Wer am Alpen-Caravanpark Tennsee übernachtet, erhält in der Mittenwalder Gästeinfo die AlpenweltCard mit Vergünstigungen.

8 Von Königsdorf zum Starnberger See

Moränenhügel und Badespaß im Voralpenland

mittel | 40 km | 420 Hm | 4 Std.

Startplatz Radtour
Campingplatz Königsdorf, s. S. 77

Tourencharakter
Rundtour über die Moränenhügel, zwei längere Anstiege sind zu meistern. Die Route verläuft überwiegend auf Radwegen oder kleinen Nebenstraßen, die jedoch nicht alle geteert sind.

Gleich über zwei Moränenhügel führt diese Radtour: Wir fahren vom Isar- ins Loisachtal hinein und dann noch hinüber zum Starnberger See, bei dem wir erst einmal so richtig verschnaufen und vor allem baden können.

Von Königsdorf ins Moor Startplatz ist der Campingplatz Königsdorf. Wir verlassen ihn an der Rezeption vorbei und biegen in die Zufahrtsstraße rechts ein. Dann halten wir uns links und radeln am Badegelände des Bibisees entlang nach Wiesen (Schild »Königsdorf«). Dort bleiben wir geradeaus, erreichen die B 11 und halten uns rechts auf dem Radweg, der gleich erneut rechts über die Felder abzweigt. Schnurgerade fahren wir direkt auf Königsdorf zu. Nach einem Stadl erreichen wir eine Autostraße, die wir geradeaus in das Neubaugebiet von Königsdorf queren. Durch die Sägstraße geht es dann rechts-links in die Beu-

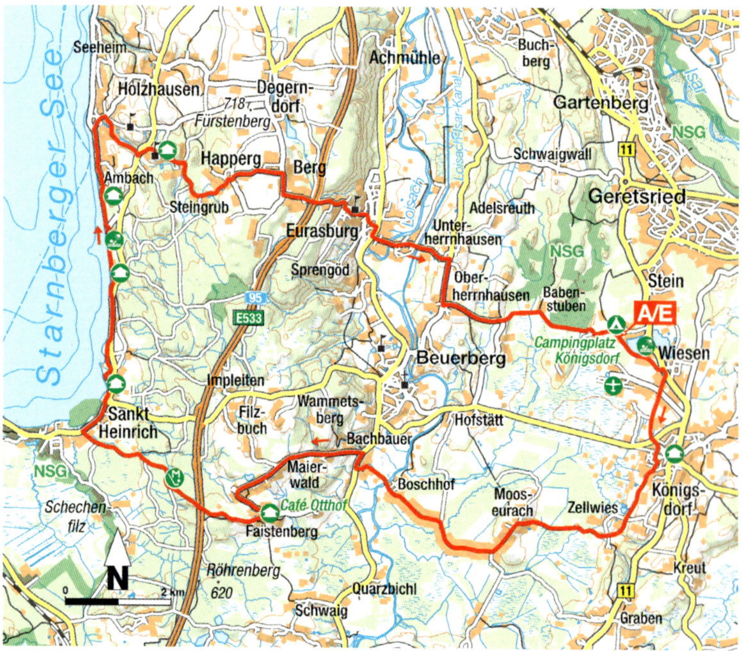

erberger Straße und damit aufwärts in den Ort. An der T-Kreuzung biegen wir im spitzen Winkel rechts in die Mooseuracher Straße und verlieren schon wieder an Höhe.

Kaffee und Kuchen schmecken im Bauernhofcafé Otthof nach der kurzen Auffahrt doppelt so gut.

Oben: Am kleinen Seehaus am Starnberger See

Wir radeln nun durch das Königsdorfer Moor, passieren das große Gut Mooseurach und bleiben dann in Fahrtrichtung. An einem Wegedreieck geht es links zum Boschhof und über die Loisach, bis wir hinter dem Weiler Bierbichl wieder auf eine größere Straße treffen. Auf der anderen Seite verläuft der Radweg, dem wir kurz nach rechts folgen (Schild »Beuerberg«), nur um bei der nächsten Möglichkeit wieder links einzubiegen (Schild »Faistenberg«). Gut, wer nun ein E-Bike besitzt, denn uns steht eine längere Auffahrt bevor.

Kurz vor Faistenberg haben wir es geschafft. Wir halten uns dort rechts, und bei schönem Wetter bremst uns (sofern wir an einem Freitag oder an einem Wochenende unterwegs sind) das Bauernhofcafé Otthof zu einer Einkehr aus.

Badespaß im Starnberger See Wer den Tortenkreationen nicht widerstehen konnte, freut sich nun, denn es geht erst einmal bergab. Dafür folgen wir hinter dem Bauernhofcafé der Straße, die bald für den Autoverkehr gesperrt ist, und rollen, die Autobahn überquerend, abwärts. Dahinter geht es durch den Wald und bald rechts durch die Schechener Filze. Wir bleiben stets auf dem Hauptweg, bis wir genau zwischen Seeshaupt und St. Heinrich zum Starnberger See kommen.

Dort queren wir die Autostraße und wählen auf der anderen Seite den Radweg, dem wir nun nach rechts stets in Seenähe für länger folgen. Auf diesem Abschnitt finden wir an vielen Stellen gute Badeplätze. Überdies bieten sich ausreichend Möglichkeiten zur Einkehr an – die sommerliche Beachbar am kleinen Seehaus oder der Buchscharner Seewirt am Erholungsgelände liegen am Weg.

Hofkapelle vor dem Otthof in Faistenberg

Wieder bergauf Nach dem Erholungsgebiet erreichen wir Ambach. Die Seeuferstraße führt uns noch am Gasthof Zum Fischmeister vorbei und teilt sich dann. Hier verlassen wir den See, halten uns rechts und radeln aus Ambach hinaus. Bevor die Straße ansteigt, geht es für uns nach rechts in den Kugelmühlweg (nicht durch die Allee nach Oberambach!). Nach dem Hof Kugelmühle wird der Weg schlechter, und wir erreichen bergauf eine Autostraße. Diese queren wir etwas nach links und radeln weiter bergauf am Schloss Weidenkam vorbei. So erreichen wir das einsam im Wald gelegene Haus Birklkam. Hier halten wir uns rechts, dann geht es immer weiter bergauf und aus dem Wald nach Happerg. Dort biegen wir rechts ein, folgen der Linkskurve und erreichen nun – endlich wieder nahezu eben – den Weiler Berg.

Ins Loisachtal Rechts geht es dort auf der Hauptstraße, nun der Beschilderung nach Eurasburg folgend, weiter. Dafür biegen wir an der Kreuzung links ab, radeln durch Haidach und unter der Autobahn hindurch und erreichen so den Schlossberg von Eurasburg. Bevor wir extrem steil am Schloss vorbei ins Loisachtal radeln, können wir an der Rastbank noch eine Aussichtspause genießen.

Dann gilt es noch einmal die Bremsen zu prüfen, denn ruckzuck verlieren wir alle zuvor gewonnenen Höhenmeter. Auf der Hauptstraße, der Beuerberger Straße, geht es durch den Ort. Wenn wir auf die große Autostraße im Tal treffen, folgen wir ihr kurz auf einem Radweg nach rechts und queren dann die Straße nach links Richtung Baierlach/Unterherrnhausen. Kurz darauf radeln wir über die Loisach, und hinter Baierlach queren wir dann noch den Loisachkanal.

Letzte Hürde Nun steht uns der letzte Anstieg der Tour bevor: Bergauf erreichen wir die Straße zwischen Unter- und Oberherrnhausen. Wir folgen ihr nach rechts und biegen dann am Feuerwehrhaus in Oberherrnhausen links Richtung Hofstätt ein. Mit Schwung absolvieren wir das Bergauf-bergab und bleiben

Königsdorf mit dem Bibisee, hier ist der Startplatz der Runde.

an der kleinen Kreuzung geradeaus. Jetzt sind wir wieder auf einer einsamen Straße unterwegs bis nach Babenstuben. Hier biegen wir scharf rechts ab und radeln dann fast schnurgerade durch ein Stück Hochmoor, bis wir auf eine Straße treffen, der wir in Fahrtrichtung die letzten Meter zurück zum Bibisee und zum Campingplatz Königsdorf folgen.

9 Entlang der Loisach nach Wolfratshausen

In die Flößerstadt

leicht | 35 km | 200 Hm | 3 Std.

Startplatz Radtour
Campingplatz Königsdorf, s. S. 77

Tourencharakter
Rundtour mit einer Steigung ins Loisachtal zu Beginn. Der Rückweg verläuft überwiegend eben. Die Strecke entlang des Loisachkanals ist nicht geteert, nach Regen gibt es dort Pfützen. Bademöglichkeit in der Isar

Entlang der Loisach und des Kanals besuchen wir Gelting, Wolfratshausen und zum Abschluss noch Geretsried sowie die Königsdorfer Alm. Dazwischen sind wir u.a. auf dem Isarradweg unterwegs und erfreuen uns am Naturschutzgebiet der Isarauen.

Nach Beuerberg Startplatz ist der Campingplatz Königsdorf. Der Beginn der Radtour ist gegengleich zum Ende der Tour Nr. 8. Nach der Rezeption biegen wir in die Zufahrtsstraße rechts ein und halten uns dann am Wegedreieck erneut rechts (Schild »Beuerberg«). Auf den Feldern biegen wir noch einmal rechts ein, und schon geht es aufwärts nach Babenstuben, wo wir dem schar-

Roter Klatschmohn zwischen Geretsried und Königsdorf

fen Linksknick der Straße folgen. Nun geht's immer geradeaus, bis wir im leichten Auf und Ab Oberherrnhausen erreichen. Links bergab rauschen wir hinunter zur Loisach und zum Kanal. Wir queren beide, und schon steigt links haltend die Straße steil in das Klosterdorf hinauf an. Wer Zeit hat, kann das Kloster Beuerberg samt seinem Museum besuchen; es gibt immer wieder neue, sehr interessante Ausstellungen rund um das einstige Klosterleben.

Die blaue Schepperbrücke bei Gelting heißt so, weil es beim Drüberradeln immer lautstark scheppert.

Oben: Nur mit einem Abstecher erreicht man das Geretsrieder Rathaus in der Stadtmitte.

Alter Bahnweg und Loisachkanal Vom Kloster radeln wir links in die Straße Am Pfarranger und queren an ihrem Ende die Wolfratshauser Straße in den Radweg. Dieser ist identisch mit dem einstigen Verlauf der Isartalbahn, die bis 1972 Wolfratshausen mit Bichl verband. So geht es recht flach und mit großem Abstand zur Autostraße nach Eurasburg. Am Ortsbeginn treffen wir dann wieder auf die Straße und auch auf die Loisach. Nach dem Wehr überqueren

Rechte Seite: Die Geltinger Kirche St. Benedikt überrascht mit einer üppigen Innenausstattung und ist einen Abstecher wert.

wir die Wolfratshauser Straße und biegen in die Unterherrnhauser Straße ein. Kurz darauf radeln wir über die Loisach und am Rand von Baierlach entlang zum Loisachkanal. Diesmal queren wir ihn nicht, sondern biegen links auf den Dammweg ein, dem wir nun immer geradeaus bis nach Gelting folgen werden.

Durch Gelting nach Wolfratshausen Wir nähern uns schließlich dem Zwiebelturm der Geltinger Dorfkirche und queren an der ersten Brücke nach rechts in den Loisachweg. Er bringt uns zur Herrnhauser Straße, der wir nach links folgen, nur um nach der hübschen Dorfkirche (Besichtigung!) nochmals links in die Wolfratshauser Straße einzubiegen. Von ihr geht es dann wieder links in den Bahnweg, wobei sich geradeaus der kurze Abstecher von 100 Metern zum Café Servus lohnt, der absolute Geheimtipp mit dem besten italienischen Cappuccino diesseits der Alpen.

Am Ende des Bahnwegs sind wir wieder am Kanal, den wir queren, und radeln dann geradeaus auf der blauen Schepperbrücke auch noch über die Loisach. Dahinter geht es rechts immer am Fluss entlang, bis wir an der St.-Andreas-Brücke die Altstadt von Wolfratshausen erreichen. Die alte Flößerstadt mit ihren schmucken Bürgerhäusern am Ober- und Untermarkt ist ebenfalls eine Besichtigung wert. Viele kennen ihre Ansicht aus der bekannten Fernsehserie »Hubert und Staller«, die seit vielen Jahren erfolgreich hier gedreht wird.

Völlig entspannt radelt man am Loisachkanal bei Gelting.

Auf dem Isarradweg Vom Obermarkt geht es durch die Bahnhofstraße zum Bahnhof und dann links haltend über die Gleise in die Sauerlacher Straße. Der Fußweg auf der linken Straßenseite ist gleichzeitig ein Radweg. Wir passieren die Nantweiner Kirche mit dem Grab des Hl. Nantovinus – ein einzigartiger Lokalpatron, den man aus dem Theaterstück »Der Brandner Kaspar und das ewige Leben« kennen wird. Kurz vor Erreichen der Isar folgen

Im Wolfratshauser Obermarkt

wir der Beschilderung »Geretsried« zur Floßlände und fahren unter der Brücke hindurch auf die andere Straßenseite und in den Wald. Unser Radweg ist jetzt identisch mit dem Fernradweg Bavarica Tyrolensis München–Venedig, auch wenn wir Letzteres heute sicherlich nicht erreichen. Mit wenigen Pedalumdrehungen sind wir mitten im wunderbaren Naturschutzgebiet Isarauen und radeln in völliger Ruhe durch den Auwald. Rasch queren wir auf einem kleinen Steg den Loisachkanal und passieren den Wolfratshauser Ortsteil Waldram. Viele kleine Pfade führen links direkt zu den Kiesbänken der Isar. Wer einen Stopp einlegen möchte, sollte einfach einem davon folgen.

Linke Seite oben: Beuerberg und sein Kloster wurden auf einer Anhöhe über der Loisach errichtet.

Geretsrieds spannende Historie Im Geretsrieder Ortsteil Gartenberg treffen wir wieder auf Zivilisation und radeln geradeaus auf der Isardammstraße weiter. Im Dritten Reich stand an der Stelle des heutigen Geretsrieds wohlgetarnt unter den Bäumen eine riesige Munitionsfabrik. Auch wenn mittlerweile ein wahrer Bauboom in der Stadt herrscht, entdecken wir immer wieder auffällige alte Gebäude oder Beton-Zaunpfosten – allesamt Überbleibsel aus dieser Zeit. Ähnliche Relikte, z.B. alte Betonplatten als Straßenbelag oder Mauerreste alter Bunkeranlagen, lassen sich noch an vielen weiteren Stellen in der Stadt finden, und Informationstafeln geben über diese Geschichte interessante Auskünfte.

Durch die Wälder zur Alm Nach der Isardammschule folgen wir dem Linksknick der Isardammstraße, die uns immer am Waldrand entlangführt. Wir passieren noch das Eisstadion und biegen dann rechts in die St.-Hubertus-Straße ein. Wir queren die Adalbert-Stifter-Straße und sind alsbald wieder verkehrsberuhigt auf einem Radweg unterwegs. Er führt durch den Geretsrieder Stadtwald, und wir folgen der Beschilderung Richtung Geretsried-Stein bzw. Königsdorf. Dafür unterqueren wir bald die große Tattenkofener Straße, radeln in die Johann-Sebastian-Bach-Straße und biegen von dort rechts in den Robert-Schumann-Weg ein. An seinem Ende beginnt nach links wieder ein

Unten: Bauernhaus in Oberherrnhausen

Weil um 1940 niemand von der Rüstungsindustrie in Geretsried wissen durfte, mussten Einheimische behaupten, es wäre eine Schokoladenfabrik.

In Geretsried gibt es herrliche Natur in den geschützten Isarauen, aber auch Überreste des Dritten Reichs.

idyllischer Radweg, der uns im Zickzack über die Richard-Wagner-Straße und auf dem Chiemseeweg in den Ortsteil Stein bringt.

Diesen passieren wir an seinem Rand und erreichen mit einem kleinen Linksrechts-Schwenk die Königsdorfer Alm, die sich an den Wochenenden von Mitte Mai bis Mitte September für eine Einkehr anbietet – mit einem der schönsten Biergärten weit und breit, und bei gutem Wetter gibt es oft Live-Musik dazu. Hier können wir uns so richtig Zeit lassen, denn zum Finale folgen wir nach der Alm-Einkehr nur noch der Rechtskurve, passieren den kleinen See und erreichen unter der B 11 hindurch in wenigen Minuten die Zufahrtsstraße zum Campingplatz Königsdorf.

Campingplatz Königsdorf

Mit See, Restaurant und Luxus-Badekabinen

Zwischen Geretsried und Königsdorf liegt dieser Campingplatz an gleich drei Baggerseen. Umgeben von viel Grün ist der ruhige Platz sehr großzügig angelegt. Und die großartigen Sanitäranlagen verdienen ein Extra-Lob.

Der Campingplatz mit seiner ausgewogenen Mischung an Dauerstellplätzen, Zeltwiese und Campingplätzen liegt eingebettet zwischen Baggerseen abseits der großen B 11. Vor Ort gibt es einen eigenen kleinen Baggersee, und auch der größere und bekanntere Bibisee liegt gerade einmal 5 Minuten Fußmarsch entfernt. Mit dem Campingwirt ist der Platz auch bei vielen Tagesausflüglern und Einheimischen beliebt.

€€

Geeignet für Einen gemütlichen Aufenthalt, der gern auch länger sein darf. Viele interessante Ausflugsziele liegen in der Nähe.

Adresse Campingplatz Königsdorf, Zum Lindenrain 8, 82549 Königsdorf, Tel. 08171/81580, camping-koenigsdorf.de

Anfahrt A 95 bis Ausfahrt Wolfratshausen, auf der B 11 über Geretsried Richtung Königsdorf. Der Campingplatz liegt dazwischen, rechts der Straße.

GPS 47.837172, 11.469168

Besonderheit Einige zusätzliche gute Restaurants liegen in unmittelbarer Nähe: Ob bayerisch, kroatisch, indisch – langweilig wird es nicht.

10 Durchs Isartal nach Lenggries

Am grünen Fluss entlang

mittel | 32 km | 150 Hm | 3 Std.

Startplatz Radtour
Campingplatz Demmelhof am Stallauer Weiher bei Bad Tölz, s. S. 88

Tourencharakter
Traumtour, die zwar mit einem kurzen steilen Stück startet, bis Lenggries folgt dann aber ein leichtes Auf und Ab, und der Rest der Tour ist nahezu eben. Meist radeln wir auf Rad- und Feldwegen und auch mal über einen Pfad, nur in Lenggries gibt es etwas Verkehr. Badesachen mitnehmen!

Lenggries steht etwas im Schatten von Bad Tölz, kann aber eine gewachsene Struktur vorweisen und hat die Gratwanderung zwischen Tourismus und Tradition bravourös gemeistert. Über den Höhenweg besuchen wir Lenggries und genießen anschließend den Isarradweg.

Über Sauersberg zur Pestkapelle Startplatz ist der Campingplatz Demmelhof, den wir über die Zufahrtsstraße verlassen. Nach 400 Metern bleiben wir geradeaus, radeln an den Häusern von Stallau vorbei, bleiben auch an der ehemaligen Pension Nirwana geradeaus und wenden uns erst bei den Jurten des Cafés Ding Dong nach rechts. Am Parkplatz leicht links haltend bringt uns eine Unterführung sicher auf die andere Seite der B 472 zu den Parkplätzen der Blombergbahn. Auch hier halten wir uns links und finden am hinteren Ende des unteren Parkplatzes einen ansteigenden Forstweg, der uns steil hinauf zu einem großen Anwesen auf dem Sauersberg führt. Vor seiner Einfahrt wendet sich unser Weg nach rechts, dann geht's gleich links zu einer klei-

Rechte Seite oben: Direkt vom Stellplatz blickt man über die Isar auf die Tölzer Altstadt.

Bauernhaus bei Lenggries

nen Straße. Ihr folgen wir nach rechts und passieren bald den alten Quellhof von Sauersberg, eine der Fundstellen des jodhaltigen Tölzer Heilwassers. Am Lehrbienenstand verlassen wir die Straße und biegen rechts auf einen Feldweg (Schild »Pestkapelle«) ein. Jetzt geht es durch die grünen Wiesen bis zu der

Kapelle, die 1638 von der Bevölkerung als Dank nach der überstandenen Pest erbaut wurde.

Die Häuserfassaden in der Tölzer Marktstraße erneuerte Gabriel von Seidl 1903 im Heimatstil.

Am Höhenweg nach Arzbach Dort stoßen wir wieder auf die Teerstraße, der wir weiter nach rechts folgen. Wo sie sich teilt, könnte man nach rechts einen Abstecher zur WaldherrAlm (Einkehrmöglichkeit) machen; für uns geht es jedoch links über Kurven abwärts Richtung Isartal. Dann müssen wir etwas aufpassen: Wenige Meter nachdem wir am Fuhrunternehmen Willibald rechts abgebogen sind, können wir erneut rechts auf einen Feldweg einbiegen, der uns

sogleich über den Steinbach führt. Dieser Weg ist viel angenehmer zu befahren als die geteerte Straße.
Nun geht es auf einem Pfad schnurgerade über die Felder. Es versteht sich von selbst, dass Fußgänger Vorrang haben und dass wir dem Bauern seine wertvollen Wiesenflächen nicht zerstören. Im Auf und Ab vorbei an einer Kapelle und ein paar Häusern queren wir den Lainbach und erreichen die ersten Häuser von Arzbach. Dort stoßen wir auf die Längentalstraße, biegen kurz nach links ab, dann geht es nach rechts abwärts zum Arzbach, den wir am Freibad queren. Nun folgen wir stets der Radwegbeschilderung Richtung Lenggries und gewinnen, auf dem Höhenweg bleibend, gleich wieder ein paar Höhenmeter.

Die Isar kann ganz schön wild sein.

Nach Lenggries Bergauf am Gasthaus Schweizer Hof vorbei geraten wir ein wenig ins Schwitzen. Glücklich, wer ein E-Bike besitzt! Musterhaft renovierte Höfe säumen unseren Weg, viele davon sind liebevoll mit Blumen geschmückt. Schließlich passieren wir die ehemalige Prinz-Heinrich-Kaserne, und der Höhenweg endet an einer Fahrstraße unweit der Brauneck-Bergbahn – mit einem Abstecher nach rechts kann man dort im Jaegers oder in der Alten Mulistation einkehren.
Um zum Dorfkern von Lenggries zu gelangen, radeln wir jedoch links abwärts, halten uns am ersten Kreisverkehr links und am zweiten rechts und erreichen über die Isarbrücke die Ortsmitte. Das Zentrum mit den ältesten Häusern gruppiert sich um die Dorfkirche St. Jakob. Es gibt einige nette Cafés und Wirtshäuser, in denen man einkehren kann. Wer jetzt schon müde ist, kann vom Lenggrieser Bahnhof die Rückfahrt mit der BOB nach Bad Tölz antreten.

Isarflimmernd nach Bad Tölz Auf dem Rückweg dürfen sich aber bis Bad Tölz unsere Wadenmuskeln erholen. Dafür geht es zurück zur Isarbrücke, wo wir unsere Räder in den dafür vorgesehenen Schienen die Treppen zum Östlichen Isarradweg hinunterschieben. Alsdann folgen wir den Radwegschildern nach rechts Richtung Bad Tölz und freuen uns darüber, in Isarnähe radeln zu können.

Bei Arzbach wechseln wir einmal die Uferseite. Hier gäbe es links von der Brücke eine nette Badestelle am Einlauf des Arzbachs. Gemütlich flach geht es aber weiter durch die lichten, im Hitzestau des Sommers flimmernden Isarauen, und viel zu schnell ist die schöne Strecke vorbei und wir erreichen die Kurstadt Bad Tölz. Jetzt ist hoffentlich noch Zeit für eine kurze Besichtigung. Dafür wechseln wir wieder die Uferseite und stellen die Räder gut verschlossen ab, denn die Marktstraße erobern wir zu Fuß (Radlverbot). Anschließend kehren wir auf die Badeteilseite zurück und radeln weiter in Flussnähe isarabwärts. Dabei passieren wir den Wohnmobilstellplatz, einen alternativen Übernachtungsplatz. Kurz danach mündet am »Futterhaus« der Einbach in die Isar. Hier biegen wir links ab und folgen nun der Wengleinstraße, leicht ansteigend. Sie wird ab der Buchbergklinik zur Benediktbeurer Straße, die uns zur großen B 472 führt. Ein separater Radweg bringt uns daran entlang nach rechts zum Campingplatz Demmelhof zurück.

Blick auf die Pfarrkirche St. Jakob in Lenggries

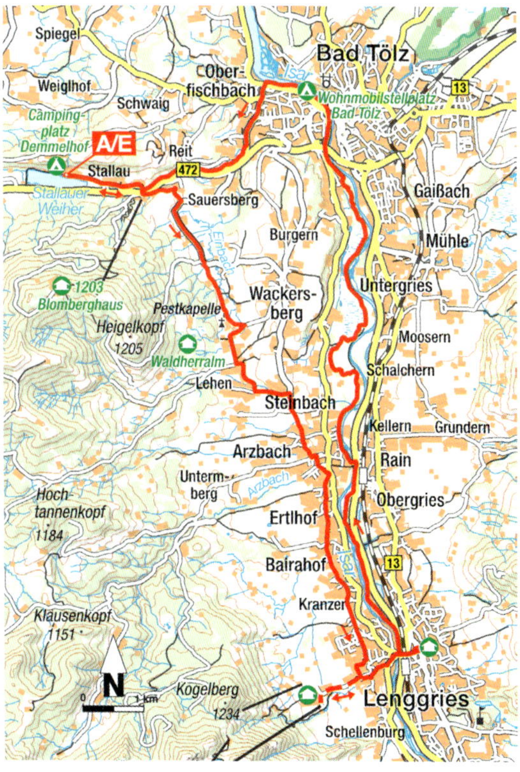

An der Isar zwischen Lenggries
und Bad Tölz

11 Kirchsee und Kloster Reutberg

Badevergnügen unter dem Nonnenkloster

leicht | 27 km | 150 Hm | 3 Std.

Startplatz Radtour
Wohnmobilstellplatz an der Isarpromenade in Bad Tölz, s. S. 89

Tourencharakter
Kürzere Radtour, vorwiegend auf ungeteerten Radwegen. Gute Bade- und Einkehrmöglichkeiten. Am Ende der Tour lohnt sich eine Besichtigung der Kurstadt Bad Tölz.

In der Bilderbuchlandschaft des Tölzer Lands liegt malerisch auf einem Hügel über dem Kirchsee das Kloster Reutberg. Das dunkle Moorwasser des Sees erwärmt sich schnell, und so bietet die Rundtour neben Kultur auch Badespaß samt vergnüglicher Pause im Biergarten des Klosterbräustüberls.

Versteckte Traumwege Vom Stellplatz in Bad Tölz radeln wir minimal flussabwärts und queren die Isar über den Steg. Am anderen Ufer folgen wir erst rechts, dann links der Straße, die uns zu einer T-Kreuzung unterhalb des Kalvarienbergs bringt. Wir radeln rechts über die Felder zum Tölzer Friedhof an der größeren Autostraße, queren nach links die Straße und fahren auf dem Radweg in den Wald. Im leichten Auf und Ab folgen wir nun der Beschilderung Richtung Ellbach auf traumhaften klei-

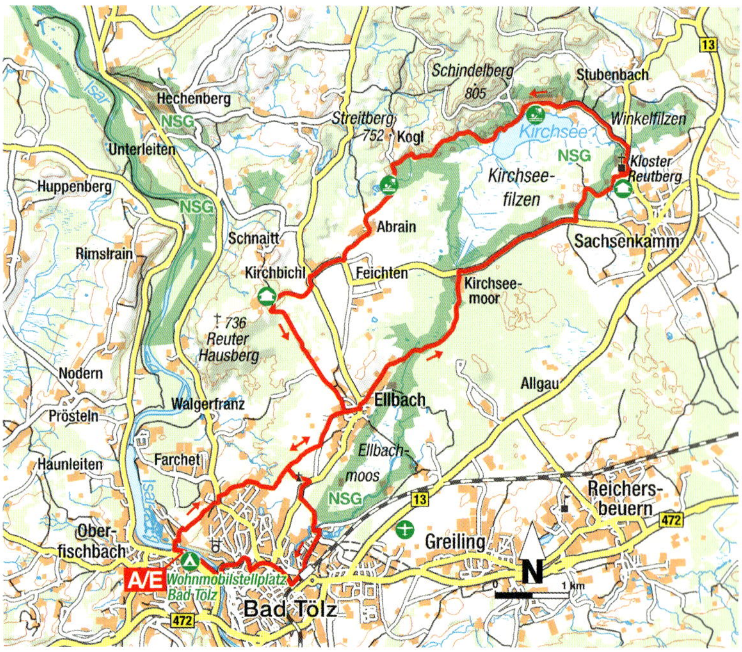

nen, versteckten Radwegen, die uns geschickt um Bad Tölz herumführen. Wir erreichen Ellbach in der Schützenstraße, folgen dieser, schwenken dann kurz links in die Tölzer Straße, um an der Weggabelung rechts in die Reutbergstraße abzubiegen. An ihrem Ende wird sie zu einem Wiesen- und Waldweg. Immer dem Hauptweg folgend, gabelt sie sich einmal im Wald – wir bleiben hier links und erreichen am Weiler Kirchseemoor eine Autostraße, auf die wir nach rechts einbiegen. Jetzt teilen wir uns für etwa zwei Kilometer die Strecke mit den Autos.

Unten: Kloster Reutberg liegt idyllisch auf einem Hügel.

Das Wasser des Kirchsees ist dunkel und moorig.

Kirchsee, Bräustüberl und Kogler Lack Wir verlassen den Wald, passieren links einen Parkplatz und biegen kurz darauf links in den Fußweg mit der Beschilderung »Am Neuweiher« ein. Der Weg endet an einer T-Kreuzung – wir halten uns rechts und gleich nach dem Mühlweiher links und

erreichen so das Kloster Reutberg mit seinem Bräustüberl, wo wir einen wohlverdienten Stopp einlegen.

Danach radeln wir über den Parkplatz und folgen der Teerstraße nach Norden. An der nächsten Weggabelung halten wir uns links und fahren direkt auf den Kirchsee zu. Viele Uferbereiche stehen unter Naturschutz, aber wir finden auch jede Menge ausgewiesene Badestellen. Zunächst immer in Ufernähe verlassen wir am Südende den See und radeln, stets auf dem Hauptweg bleibend, durch das Kirchseemoor und durch den Wald. Der Weg mündet in eine Asphaltstraße, auf die wir links einbiegen. Wir passieren

Der Kirchsee und viele der umliegenden Moorwiesen stehen unter Naturschutz.

den Kogler Weiher, der bei den Einheimischen nur Kogler Lack genannt wird (Bademöglichkeit).

Linke Seite oben: Startplatz ist wie in Tour 10 Bad Tölz an der Isar.

Aussichtsreiche Röcklkapelle Immer der Straße folgend durchqueren wir kurz danach den Weiler Abrain. An der nächsten Kreuzung halten wir uns rechts und erreichen Kirchbichl. An der dortigen T-Kreuzung radeln wir nach links, biegen jedoch nach 130 Metern rechts in den kleineren Weg ein und folgen dem Schild »Bad Tölz/Reut«. Kurz vor dem Weiler Reut, wo die Wiese beginnt, biegen wir links auf den geschotterten Waldweg ab. Wir fahren nun dem Schild »Ellbach« folgend bis in diesen Ort, radeln dort zunächst durch ein Neubaugebiet, biegen dann an der Querstraße nach rechts und passieren die Gaststätte Schützenhaus. Wir halten uns links und biegen ca. 500 Meter nach dem Schützenhaus rechts in den kleineren Feldweg ein, einem Radweg mit der Beschilderung »Bad Tölz«. Es geht bergab, aber bitte nicht zu schnell, denn gleich müssen wir links abbiegen und wieder bergauf der Beschilderung »Röckl-Kapelle« bzw. »Freibad Eichmühle« folgen. Von der Röcklkapelle haben wir eine herrliche Aussicht über das Tölzer Land und auf die Münchner Vorberge bis hinein ins Karwendel.

Durch Bad Tölz Anschließend stoßen wir erneut auf eine Querstraße, auf der wir 150 Meter rechts zum nächsten Fahrweg auf der linken Seite radeln. Jetzt geht es nur noch bergab, unten über den Ellbach, und schon sind wir am Freibad Eichmühle. Die Eichmühlstraße bringt uns zum Bahnhof, wo die Bahnhofstraße in der großen Sachsenkamer Straße endet. Wir halten uns rechts zur Mühlfeldkirche und radeln dort links hinunter in die Altstadt. Um nicht durch die Marktstraße bergab schieben zu müssen, können wir kurz davor rechts in die Mühlgasse radeln und von dort links der Einbahnstraße Nockhergasse bergab folgen. Sie bringt uns zur großen Isarbrücke, wo wir auf der anderen Seite nur noch dem Isarradweg nach rechts zurück zum Stellplatz folgen müssen.

Start am Campingplatz Demmelhof

Radler, die vom Campingplatz Demmelhof aus zu dieser Tour aufbrechen möchten, folgen dem Radweg entlang der B 472 nach links. Dann biegt man an der ersten Einfahrt nach Tölz links in die Benediktbeurer Straße ein und fährt auf ihr geradeaus (sie wird zur Wengleinstraße) bis zu ihrem Ende an der Isar. Nun kurz rechts, dann geht es auf dem Isarsteg über den Fluss.

Campingplatz Demmelhof

Für die perfekte Auszeit am Wasser

Der mehrfach ausgezeichnete Platz liegt direkt am Stallauer Weiher unterhalb des Blombergs. Familie Demmel kümmert sich rührend um alle Gäste. Der gemütliche kleine Platz eignet sich perfekt für ein verlängertes Wochenende.

Mitten im Grünen zwischen See und Berg liegt der schöne Campingplatz zwischen Bad Heilbrunn und Bad Tölz. Wer einen der Stell- oder Zeltplätze am Ufer ergattert, will nicht mehr nach Hause. Man kann sogar mitten auf dem Steg in einem angemieteten Strandkorb schlafen. Der direkte private Wasserzugang erlaubt Badespaß bis zum Abwinken, zudem gibt es einen Stand-Up-Paddel-Verleih. Das Campingstüberl samt klitzekleinem Biergarten bietet Frühstück und kleine Brotzeiten zum Abendessen.

€€€

Geeignet für Sowohl für Zelt als auch für Campingbusse und Wohnwägen. Im Sommer besonders schön, vor allem für Familien mit Kindern

Adresse Campingplatz Demmelhof, Stallau 148, 83646 Bad Tölz, Tel. 08041/81 21, campingplatz-demmelhof.de

Anfahrt A 95 bis Ausfahrt Sindelsdorf und weiter Richtung Bad Tölz; ein Stück nach Bad Heilbrunn erreicht man den Stallauer Weiher mit dem Campingplatz.

GPS 47.750468, 11.501888

Besonderheit Der nahe Blomberg bietet jede Menge Freizeitmöglichkeiten: von der Sommerrodelbahn, einem Kletterwald bis zum Kunstpfad.

Wohnmobilstellplatz Bad Tölz

Am Isarstrand unweit der Altstadt

Als Tor zum Isarwinkel gilt die kleine Stadt Bad Tölz. Sie bietet für Wohnmobilisten einen idealen Stellplatz direkt am Ufer der grünen Isar: Nur durch einen Rad- und Fußweg davon getrennt nächtigt man an den Kiesbänken.

Dabei handelt es sich um einen reinen Wohnmobilstellplatz, also einen größeren Parkplatz, bei dem Ent- und Versorgung von Frischwasser und Toilette vorhanden sind. Es gibt aber keinen Strom! Einkaufsmöglichkeiten sowie Restaurants liegen in Fußnähe. Achtung: Bei Hochwasser wird der Platz gesperrt! Und auch wenn die Isar im Sommer zum Baden einlädt: Es handelt sich nicht um einen bewachten Badeplatz – jeder muss selbst entscheiden, ob er sich das Schwimmen im Fluss zutraut.

Geeignet für Camper und Wohnmobilfahrer, aber es gibt wenig Schatten. Es lohnt sich, die Campingstühle wenige Meter bis ans Ufer zu tragen.

Adresse Wohnmobilstellplatz Bad Tölz, Königsdorfer Str. 67, 83646 Bad Tölz, bad-toelz.de/de/uebernachten-2/camping-und-wohnmobil.html

Anfahrt A 8 bis Ausfahrt Holzkirchen und weiter Richtung Bad Tölz. Der Stellplatz direkt an der Isar ist ausgewiesen.

GPS 47.763144, 11.550089

Besonderheit Die Altstadt ist vom Stellplatz bequem zu Fuß erreichbar, entlang der Isar ist man in knapp 10 Min. an der Isarbrücke bei der Marktstraße.

12 Tegernsee, Spitzingsee und Schliersee

Mitten durch die Berge

schwer	50 km	1100 Hm	4.30 Std.

Startplatz Radtour
Camping-Schliersee, s. S. 96

Tourencharakter
Anspruchsvolle Tour, was Länge und Höhenmeter betrifft. Technisch ist sie nicht allzu schwer, denn sie verläuft überwiegend auf Radwegen oder Forststraßen. Aber es stehen zwei längere Auffahrten bevor – beim E-Bike muss der Akku gut gefüllt sein, um die Tour zu bewältigen.

Dies ist die knackigste Tour im Buch, die sich entweder mit viel Kondition oder mit einem E-Bike mit vollem Akku gut bewerkstelligen lässt. Wir radeln mitten in die herrliche Bergwelt und besuchen gleich drei Seen. Dabei verläuft die Tour vor allem auf Mautstraßen, technisch ist sie also gut zu meistern.

Entlang der Schlierach Startplatz ist der Campingplatz am Schliersee (oder der Stellplatz am Oedberg). Wir queren die Gleise und folgen der Westerbergstraße, auf der wir die Breitenbachstraße erreichen. Ihr folgen wir kurz nach rechts, um dann links in die Schlierachstraße abzubiegen. Schon sind wir auf dem Bodensee-Königssee-Radweg. Malerisch geht es bald an der Schlierach entlang. Der Radweg endet zunächst an einer großen Ortsdurchgangsstraße in Hausham, auf der wir für ca. 600 Meter nach links radeln. Beim TÜV biegen wir links in die Nagelbachstraße und sind nun wieder aufwärts auf dem Bodensee-Königssee-Radweg unterwegs.

Bilderbuchlandschaft Auf diesem Streckenabschnitt wird der Akku gefordert, hier hat es der Bodensee-Königssee-Radweg ganz schön in sich. Im steten Auf und Ab geht es der Radwegbeschilderung nach über Wiesen und durch Wälder. Schließlich umrunden wir die Weiler Oberschuß und Unterschuß und kommen zu den Oedberg-Liften (alternativer Startplatz). Weiter in Fahrtrichtung sind wir am Ortsanfang von Ostin, wo sich die Straße teilt. Wir bleiben links und radeln nach 350 Metern erneut links den Niemandshügel hinunter. Vor uns breitet sich eine Bilderbuchlandschaft aus: Wir überblicken das Nordende des Tegernsees und sehen am gegenüberliegenden Ufer die Berge hinter Bad Wiessee aufragen. An den nächsten Häusern und der Querstraße geht es wieder links, wir passieren den Wanderparkplatz Neureuth und bleiben dann auf der Hauptstraße, die steil bergab durch den Buchbergweg hinunter zum Tegernsee führt.

Am Tegernsee-Uferradweg Dort führt uns der Uferradweg nach links. Dabei passieren wir den Ort Tegernsee mit der hübschen Uferpromenade, seiner berühmten Klosterkirche und dem noch berühmteren Tegernseer Bräustüberl. Der Radweg verläuft stellenweise auf dem breiten Fußweg, ganz angenehm, um nicht auf der viel befahrenen Straße radeln zu müssen. Unser nächstes Ziel ist Rottach-Egern am Südende des Sees. Wir erreichen den Ortsrand an der Brücke über die Rottach und fahren, ohne sie zu queren, auf dem Ludwig-Thoma-Weg flussaufwärts. Nach wenigen Metern senkt sich der Weg, dort biegen wir rechts in den schmäleren Weg in Flussnähe ein. Diesem folgen wir nun lange, auch über einige Kreuzungen hinweg, die wir meist im leichten Zickzack queren. Dann endet der Flussweg an der Kühzaglstraße. Hier kurz den Fluss queren und gleich wieder links, weiter auf der Valepper Straße, der wir noch gemütlich bis Enterrottach folgen.

Die Albert-Link-Hütte lohnt sich sehr für eine Einkehr, hier wird das Brot noch selbst gebacken!

Oben: Stellenweise muss man an der Uferpromenade am Tegernsee das Rad schieben.

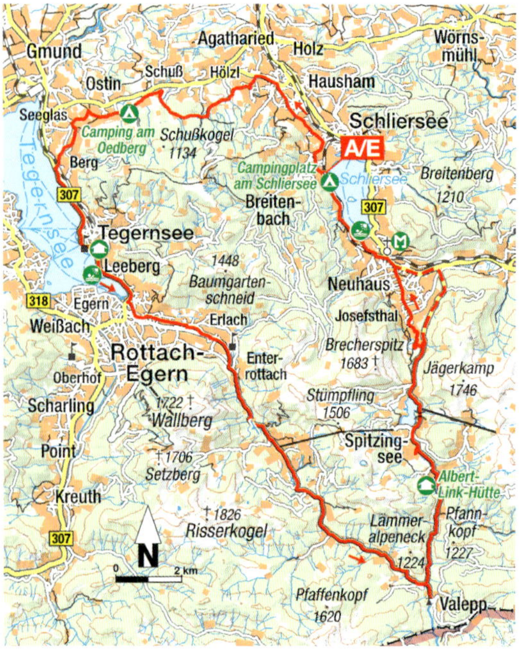

Für einen Besuch der Rottacher Wasserfälle müssen wir die Räder kurz abstellen.

Rechte Seite:
Oben: Bauerngartenpracht bei Fischhausen

Unten: Für einen Bergsee erwärmt sich der Schliersee erstaunlich schnell.

Aufwärts zur Sutten Ab jetzt wird es anstrengend, denn die erste längere und steile Auffahrt steht bevor. Zumindest müssen wir keine Mautgebühr berappen und passieren einfach die Schranke, an der sich an manchen Tagen die Autos stauen. Diese überholen uns jedoch bald wieder, denn trotz unserem Antrieb sind sie viel schneller als wir. Nach einem ersten Aufschwung sehen wir rechts unter uns die Rottacher Wasserfälle, die eigentlich eine Schau-Rast verdient haben. Immer weiter bergauf passieren wir Parkplätze, die Suttenbahn und einige Almen. Jetzt haben wir schon mal 250 Höhenmeter geschafft. Kurzzeitig wird es etwas flacher, aber nach dem Suttensee geht es wieder bergauf. Am Wechselpass haben wir die Steigungen erst mal geschafft.

Ins Tal der Weißen Valepp Jetzt rollen wir hinab ins Tal der Weißen Valepp. Bald begleitet uns der kleine Fluss, nur von den Bergen ist vor lauter Wald nicht viel zu sehen. An der Brennerklamm rücken die Felsen näher an die Straße heran, und wir kommen zum Zusammenfluss von Roter und Weißer Valepp. Hier teilt sich die Straße: Nach links werden wir auf der nächsten Mautstraße weiterradeln. Rechts führt ein Abstecher zum Forsthaus Valepp, einer Einöde mitten in den Bergen, das früher ein sehr beliebtes Gasthaus war, nun aber leider schon seit ein paar Jahren geschlossen ist. Die Wiesen vor dem Gasthaus mit der Kapelle eignen sich jedoch immer noch gut für eine Brotzeit. Und diese Pause schadet uns sicherlich nicht, denn nun steht der nächste lange Anstieg bevor.

Zum Spitzingsee Man kann sich nicht verirren. Stets der kleinen Straße nach Norden folgend, geht es immer weiter bergauf. Nicht zu steil, aber eben permanent. Achtung: Auch diese Straße ist nicht ganz autofrei, mit dem Linienbus und landwirtschaftlichem Verkehr ist zu rechnen! Achten sollte man nun auch auf die schöne Aussicht, die sich

spätestens ab dem Bleckssteinhaus einstellt. Langsam radeln wir entlang von Almwiesen und an der Albert-Link-Hütte vorbei und erreichen an der Alten Wurzhütte endlich den Spitzingsee. Spätestens hier haben wir eine Pause verdient, und wer es erfrischend mag, kann in den See hüpfen.

Jetzt geht's immer am Ufer entlang und die letzten 40 Höhenmeter hinauf zum Spitzingsattel, dann liegt eine lange Abfahrt vor uns: Auf der Spitzingstraße gibt es kaum Kurven und schon gar keine Serpentinen. Trotzdem sollte man auf die Geschwindigkeit achten! Wer den Autoverkehr scheut, kann nach dem ersten Stück Abfahrt an einem Parkplatz links auf die Alte Spitzingstraße ausweichen – von dort geht es weiter steil bergab.

Einkehrtipps

Unterwegs müssen wir nicht verhungern: Am Tegernsee lockt das Bräustüberl – aber Achtung, danach folgen erst die Steigungen, und die sind mit vollem Magen schwer zu meistern. Kurz vor dem Spitzingsee liegen die Albert-Link-Hütte, eine sehr gute Empfehlung, ebenso wie die Spitzing-Alm, die zum Arabella-Hotel Spitzingsee gehört. In Fischhausen-Neuhaus lockt das Café Stazione oder mit einem Abstecher rechts auf der Neuhauser Straße die Alperie oder das Slyrs Caffee & Lunchery.

Ein genussvolles Highlight unterwegs ist das Bräustüberl im Ort Tegernsee.

Rechte Seite: Auf diesem Abschnitt des Königssee-Bodensee-Radwegs geht es nicht immer flach dahin.

Espresso zum Finale Wir erreichen das Tal im Ortsteil Josefsthal südlich von Neuhaus und radeln auf der Josefsthaler Straße gen Norden. Sie mündet in die große Neuhauser Straße, der wir kurz nach links folgen. Vor den Gleisen biegen wir erneut links ab und erreichen den Bahnhof Fischhausen-Neuhaus. Im Café Stazione direkt am Bahnhof kann man sich zum Finale einen guten Espresso gönnen, das nette Lokal ist ein Geheimtipp. Ansonsten geht es am Bahnhof vorbei und dann rechts durch die Unterführung (Radwegschild) ans Schlierseeufer hinunter.

Nun folgen wir der für Autos gesperrten Uferstraße nach links und dürfen so völlig verkehrsfrei am Schliersee-Westufer entlangradeln. Wir passieren die Rixner Alm und haben nach kurzer Zeit wieder unseren Campingplatz erreicht.

Campingplatz am Schliersee

Cooler Platz für junges Publikum

So geht ein perfekter Sommertag: Zum Aufwachen ein Sprung in den warmen Schliersee, nach dem Frühstück geht's dann auf einer großartigen Radtour mitten hinein in die Berge, und zum Ausklang des Tages lockt das leckere Essen direkt vor Ort.

Der Campingplatz liegt direkt am Ufer des Schliersees, etwas westlich der gleichnamigen Ortschaft – ein Traum im Sommer, besonders zum Baden! Die Bahn, die am Platz vorbeiführt, stört kaum. Am Platz selbst gibt es ein kleines Restaurant mit bayerischen Schmankerln sowie Burgern, Pizzen und Pasta. Bei gutem Wetter öffnet am Nachmittag die Beachbar, ideal für junges und jung gebliebenes Publikum. Weitere Einkaufsmöglichkeiten und Restaurants liegen mit einem kleinen Fußmarsch ganz in der Nähe.

€€€

Geeignet für Sowohl für Zelte als auch für Campingbusse und Wohnwägen. Nicht nur für den Kurzaufenthalt am Wochenende. Sportbegeisterte sind hier besonders gut aufgehoben.

Adresse Campingplatz Schliersee, Westerbergstr. 27, 83727 Schliersee, Tel. 08026/9298998, camping-schliersee.de

Anfahrt A 8 bis Ausfahrt Weyarn, über Miesbach nach Schliersee, dort vor der Martinskirche rechts in die Breitenbachstraße, dann links auf der Westerbergstraße zum Campingplatz

GPS 47.728043, 11.850179

Besonderheit Ein paarmal im Jahr finden am Platz Events statt, wie z. B. das Bulli-Treffen oder das Bayerische Outdoor Filmfestival (BOFF).

Camping am Oedberg

Zwischen Tegern- und Schliersee

Viele Stellplätze gibt es am Tegernsee leider nicht, dabei bietet die Gegend landschaftlich traumhafte Ecken, die alle nur darauf warten, erkundet zu werden. Gut, wer sein Fahrrad dabei hat, so kann man schnell auch am Abend noch an die Seen gelangen.

Ein Klettergarten und eine Sommerrodelbahn nebst einer Alm zum Einkehren liegen direkt am Stellplatz. Ideal für alle, die es sportlich mögen, sowie für Familien mit Kindern, denn bald soll es dort auch noch einen Bikepark geben. Dabei ist der Stellplatz selbst sehr ruhig etwas abseits der Deutschen Alpenstraße gelegen. Mit dem Fahrrad ist man in wenigen Minuten am Tegernsee, um z. B. das schöne Strandbad Seeglas in Gmund zu besuchen.

€€€

Geeignet für Camper und Wohnmobilfahrer und alle, die es sportlich mögen. Einige Plätze haben einen schönen Rasenuntergrund.

Adresse Camping am Oedberg, Angerlweber 3, 83703 Gmund am Tegernsee, Tel. 08022/665386, oedberg.de/camping

Anfahrt A 8 bis Ausfahrt Holzkirchen, weiter zum Tegernsee und kurz nach Gmund links auf die B 307 Richtung Schliersee; der ausgeschilderte Stellplatz liegt rechts der Straße.

GPS 47.744208, 11.772532

Besonderheit Der Stellplatz liegt direkt am Königsee-Bodensee-Radweg, jedoch fernab der Autostraße.

13 Durchs obere Leitzachtal

Kuchenglück mit Blick auf den Wendelstein

leicht | 30 km | 250 Hm | 2.30 Std.

Startplatz Radtour
Wohnmobilstellplatz Bayrischzell, s. S. 103

Tourencharakter
Gemütliche Rundtour durch das Tal. Nur zwei Steigungen warten auf uns: eine vor Elbach und eine hinauf nach Birkenstein – mit dem E-Bike ein Kinderspiel.

Fast am Ende des Leitzachtals liegt Bayrischzell unter dem Gipfel des Wendelsteins. Von dort führt eine schöne Radlrundtour durch das Tal. Der Fluss entspringt unweit des Stellplatzes unter dem Seeberg und mündet bei Feldkirchen in die Mangfall.

Entlang der jungen Leitzach Von unserem Stellplatz radeln wir am Sportplatz vorbei, queren 500 Meter weiter die Leitzach und fahren auf einem Kiesweg am rechten Ufer entlang. Kurz darauf geht es erneut über eine Brücke ans linke Ufer. Jetzt folgen wir immer den Schildern »Kapellentour«, kommen so durch den malerischen Ort Geitau mit seinen alten Bauernhöfen und überqueren die B 307. Weiter geht's neben den Eisenbahnschienen in den Wald, an der Ausflugsgaststätte Krugalm vorbei, bis wir in Stauden auf die Vorfahrtsstraße treffen. Hier biegen wir für

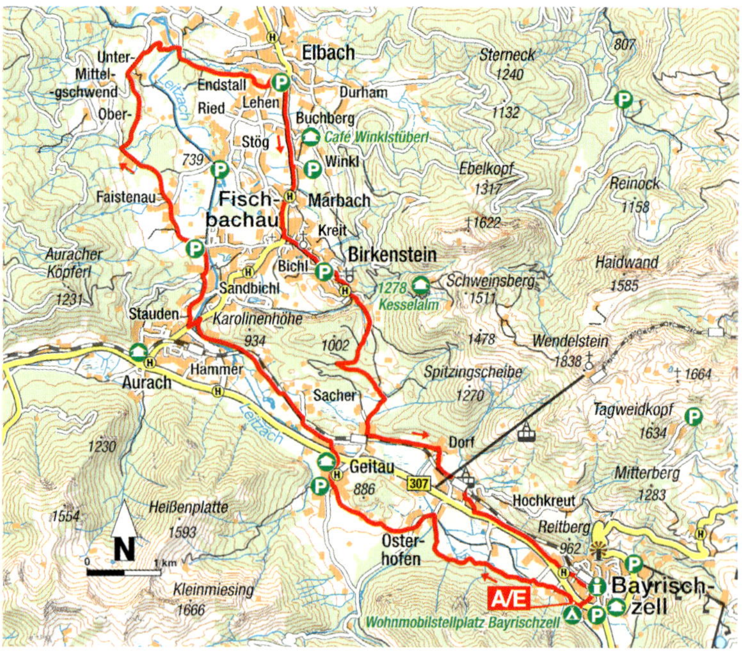

150 Meter nach links ab und radeln dann wieder rechts in die kleinere Straße.
Jetzt fahren wir parallel, aber mit einigem Abstand zur Leitzach Richtung Norden und an vielen schönen Bauernhöfen vorbei. Die erste Abzweigung nach Fischbachau lassen wir unberücksichtigt. Die Strecke ist abwechslungsreich, heckenbegrenzte Felder wechseln mit kleinen Wäldchen. Wir radeln durch Faistenau und kommen nach einem Waldstück zu einer Wiese. Am anderen Ende, kaum wieder im Wald, biegen wir rechts ab und rollen sacht hinunter nach Untergschwend.

Bayrischzell liegt wirklich im hintersten Winkel des Mangfallgebirges.

Aber bitte mit Sahne! Knapp 300 Meter nach dem Weiler halten wir uns an der Weggabelung rechts; jetzt geht es steiler hinunter und über die Leitzachbrücke. Aber zu früh gefreut, denn auf der anderen Seite radeln wir kurz rechts und dann links wieder steil bergauf nach Elbach. An der Kirche stoßen wir auf die große Hauptstraße, radeln auf dieser rechts weiter über Buchberg, dann auf dem parallel dazu verlaufenden Radweg nach Winkl,

Die Wallfahrtskirche Maria Birkenstein

Oben: Das Leitzachtal bei Fischbachau präsentiert sich sonnig und weit.

wo wir einen Stopp im legendären Café Winklstüberl einlegen können: Die Kuchenstücke sind hier überdimensioniert und gleichen unseren bisherigen Kalorienverbrauch schlagartig wieder aus. Danach radeln wir weiter über Marbach nach Fischbachau. Kurz vor dem ehemaligen Kloster biegen wir links ein, um auf der Birkensteinstraße zur gleichnamigen Wallfahrtskirche hinaufzuradeln. Nach der Besichtigungspause geht es weiter bergauf. Hinter den letzten Häusern bleiben wir geradeaus und folgen dem Schild »Waldlehrpfad Hammer – Geitau – Bayrischzell«. Noch einmal steigt der Weg an, wird zu einem Forstweg mit Schranke, wo wir uns an der nächsten Weggabelung rechts halten.

Kapellentour mit Kneippeinlage Jetzt geht es durch den Wald über Serpentinen abwärts. Wir überqueren einen kleinen Bach

»Aber bitte mit Sahne!«, lautet das Motto im Café Winklstüberl.

und folgen nun wieder stur den Schildern »Kapellentour«. Parallel zu den Gleisen radeln wir durch einen Weiler mit dem einfallslosen Namen Dorf, halten uns dort links und radeln über die Felder in Richtung Bahngleise. Zuvor wendet sich aber unser Weg nach links, wird schmäler und wir radeln unter der Wendelstein-Seilbahn hindurch. Am Bahnhof von Osterhofen können wir unsere Beine in der Kneippanlage erfrischen. Dann queren wir die Gleise, radeln links haltend durch Osterhofen und erreichen die große Alpenstraße. Jetzt folgen wir nur noch dem Radweg nach links zurück nach Bayrischzell, wo uns in der Ortsmitte die Seebergstraße zurück zum Wohnmobilstellplatz bringt.

Maria Birkenstein

Die Wallfahrtskirche Maria Birkenstein wurde über zwei Geschosse nach dem Vorbild der Casa Santa von Loreto angelegt. In einem reich im Stil des Rokoko ausgestatteten Raum im Obergeschoss befindet sich das Gnadenbild, wo wie auf einer Theaterbühne Engel und Putten Maria mit dem Jesuskind umschweben. Die Wände sind fast lückenlos mit einer unglaublichen Vielzahl an Votivbildern versehen; alle erzählen Geschichten über Hoffnungen und Ängste und von der wundersamen Erhörung der Gebete. Sie lassen sich wie ein großes Zeitzeugnis lesen, denn bis heute ist das unter den Bäumen versteckte Gotteshaus Ziel zahlreicher Wallfahrer.

Die Friedhofskirche Mariä Schutz von Fischbachau

Wohnmobilstellplatz Bayrischzell

Einsam im oberen Leitzachtal

Am Fuß des Seebergs nächtigt man völlig ruhig und darf mit einer traumhaften Aussicht auf die umliegenden Berge erwachen. Wer mit Mountainbikes unterwegs ist, kann von dort noch zu sehr viel mehr Touren starten.

Trotz der Nähe zur Deutschen Alpenstraße ist es am Stellplatz ruhig. Die ebene, schattige Fläche liegt in unmittelbarer Nähe zu den Tennis- und Sportplätzen und zu einem Minigolfplatz. Ein Supermarkt ist nur ein paar Gehminuten entfernt, ebenfalls die beste Bäckerei (Bio-Bäcker Butz) von Bayrischzell sowie Einkehrmöglichkeiten. Der Stellplatz bietet Ver- und Entsorgung und auch Strom. Nur sanitäre Anlagen fehlen direkt vor Ort. Zum Duschen kann man jedoch in die nahe Sportalm gehen.

€€€

Geeignet für Das ganze Jahr über kann man mit Wohnmobilen und Campern auf dem Stellplatz stehen.

Adresse Wohnmobilstellplatz Bayrischzell, Seebergstr. 15, 83735 Bayrischzell, bayrischzell.de/camping

Anfahrt Salzburger Autobahn A 8 Ausfahrt Weyarn. Über Miesbach am Schliersee vorbei, weiter nach Bayrischzell. Der Stellplatz liegt rechts der B 307 an den Sportplätzen.

GPS 47.671815, 12.009937

Besonderheit Unweit des Stellplatzes liegt die Sportalm. Im angegliederten Sportgeschäft kann man auch E-Bikes ausleihen.

14 Rund um den Pölven

Kiefersfelden, Kufstein und der Kaiserblick

mittel	53 km	450 Hm	4 Std.

Startplatz Radtour
Wohnmobilstellplatz Hödenauer See, s. S. 113

Tourencharakter
Mittelschwere Tour, meist auf Flusswegen und Fahrradstrecken. Eine steilere und längere Steigung ist zu meistern, mit dem E-Bike oder Mountainbike leicht, ansonsten muss man hier schieben.

Ein Ausflug nach Tirol, so lässt sich diese Fahrradrunde auch bezeichnen. Durchs schöne Inntal radelt man flussaufwärts nach Kufstein und auf traumhaften Wegen rund um den Großen Pölven. Dabei ist ein Traumblick auf den Kaiser und die grandiose Landschaft drumherum garantiert.

Nach Tirol Wir beginnen unsere Radtour am Wohnmobilstellplatz am Hödenauer See nördlich von Kiefersfelden. Wir passieren das Feelgood-Restaurant und queren die Bahngleise. Dahinter setzen wir unsere Radtour nach rechts fort und radeln über die Felder. Kurz vor dem McDonald's biegen wir rechts ein und bleiben parallel zu den Gleisen. Unser Radweg wird zum Auweg, dem wir links in den Lohweg folgen. Nun haben wir

Am alten Erbhof Kellerhaus in Oberluech bei Kirchbichl

Linke Seite: Auf dem Römerweg geht es hinauf nach Oberluech.

den Kiefernbach erreicht, den wir kurz vor der Autobahn auf der Marmorwerkstattstraße queren und nun die Beschilderung zum Inntalradweg anvisieren. Dafür biegen wir links in die Innstraße ein und erreichen an ihrem Ende den Inn und damit den Innradweg. Jetzt geht es flussaufwärts, und wir verlassen Kiefersfelden mit herrlichem Blick auf den Pendling. Weiter entlang der Bahngleise dauert es nicht lange, und wir fahren über die Grenze nach Österreich. Schon nähern wir uns Kufstein und unterqueren die Autobahn. Die Besichtigung der Altstadt heben wir uns für die Rückfahrt auf und ignorieren deshalb zunächst alle Brücken über den Fluss. Erst wenn wir die Altstadt passiert haben, radeln wir noch einmal unter einer Brücke durch und erreichen etwas später den Endacher Steg. Jetzt queren wir den Inn und folgen der Beschilderung »Schwoich/Söll«.

Bergauf über die alte Eibergstraße Wir werden in südlicher Richtung geradeaus auf die Einfangstraße und dann mit einem Links-rechts-Schwenk in die Klammstraße gelotst. Am Ende

Das Auracher Löchl in Kufstein ist eine der ältesten Weinschänken Tirols.

der Klammstraße geht es links über die Weißache und dann rechts auf einem Radwegstreifen entlang der leider viel befahrenen Landstraße. Obendrein müssen wir leicht bergauf treten – glücklich, wer hier ein E-Bike mit Turbogang besitzt. Nach einem knappen Kilometer haben wir es geschafft und erreichen an der Trattoria Napoli die Abzweigung nach Schwoich. Hier biegen wir rechts ein, queren die Weißache und setzen unmittelbar dahinter links unsere Fahrt auf dem Radweg fort. Ein kurzer Stopp am Freiluft Zementmuseum lohnt sich, ansonsten radeln wir weiter bergauf und sind nun auf der alten Eibergstraße unterwegs, aber dennoch völlig separiert von der heutigen Autostraße. Nach dem Gewerbegebiet wechseln wir wieder auf die andere Bachseite und halten uns vor dem großen Zementwerk rechts weiter auf die ansteigende Straße in Richtung Söll. Wer jetzt kein Mountainbike oder E-Bike besitzt, muss wohl schieben, denn serpentinenreich geht's hinauf zum Eiberg.

Über den Moorsee nach Söll

Kaum haben wir einen Steinbruch passiert, biegen wir rechts ein und rauschen schon wieder abwärts. Das leichte Auf und Ab setzt sich fort, und wir radeln an der Talseite entlang weiter in die Berge hinein. Bald nähern wir uns erneut der Weißache, die wir schließlich queren. Ein kurzes Stück folgen wir noch dem Fluss, dann geht es rechts durch eine Unterführung zum gut sichtbaren Gasthof Oberstegen, der sich zu einer ersten Rast hervorragend anbietet.

Gedenkstein für den Bau der Eibergstraße

Oben Mitte: Bei der Rückfahrt erreichen wir die Staustufen des Inns.

Oben rechts: Die Festung Kufstein

Für die Weiterfahrt biegen wir vor dem Gasthaus links in die ansteigende Straße Pölven ein und erreichen so den kleinen Moorsee, an dem wir eine Schaurast einlegen: In seinem Wasser spiegeln sich wunderbar die Gipfelspitzen des Kaisergebirges. Dahinter geht es ein letztes Stück bergauf, und am Campingplatz Franzlhof sind wir in Dorfbichl, einem Ortsteil von Söll.

Jetzt brausen wir nur noch bergab und erobern die Ortsmitte von Söll am Fuß der Hohen Salve. Das Zentrum ist nicht groß, aber es lohnt sich für eine gemütliche Einkehr.

Zur Brixenthaler Ache Danach radeln wir ein Stück zurück. Bevor die Straße wieder ansteigt, halten wir uns an der Weggabelung bei der Pizzeria Giovanni links und radeln nun in Richtung Wörgl. Die Straße steigt wieder an und führt zum Ortsteil Pirchmoos. Unsere Schweißtropfen werden mit einer schönen Aussicht über Söll auf das Kaisergebirge entschädigt. Unmittelbar vor der Pirchmoser Kapelle biegen wir links ein und radeln über die Felder bergab.
Der Landstraße folgen wir auf einem Radweg in Fahrtrichtung, halten uns dann nach der Firma Zott rechts (Schild »Am Steinerbach«) und wechseln bald darauf auf die andere Straßenseite zur Talstation des Itter-Lifts, aber nur kurz, dann geht es schon wieder zurück auf die ursprüngliche Seite und mit etwas Abstand parallel zur Autostraße weiter. So fahren wir, die Landstraße wieder touchierend, durch Mühltal, wo der historische Rösslwirt zur Einkehr lockt. Nachdem wir erneut ein Stück entlang der

Das Alte Rathaus von Kufstein

Landstraße geradelt sind, biegen wir rechts in den Römerweg ein, der uns leicht aufwärts zum Alten Erbhof Kellerhaus mit seinem aussichtsreichen Rastplatz führt. Dahinter biegen wir links ein, fahren bergab und dann rechts in die Lofererstraße und in den Ortsteil Bruckhäusl. Kurz nach der modernen Kirche halten wir uns links in Richtung Brücke über die Brixenthaler Ache. Ohne den Fluss zu queren, beginnt hier ein Radweg entlang der Ache.

Einkehrtipps

Unterwegs gibt es viele Möglichkeiten für eine gelungene Einkehr – entlang der Strecke liegen u.a. der Gasthof Oberstegen, in Söll »Die Krummerei«, die Dorfstubn oder die Pizzeria Giovanni, in Mühltal der Rösslwirt, in Kirchbichl der Gasthof Schroll, und zum Finale in Kufstein gibt's jede Menge gute Restaurants rund um den Stadtplatz und an der Innpromenade.

Über Kirchbichl zum Innradweg Wir nähern uns dem Grattenberghügel mit seiner Kapelle. Bevor wir ihn erreichen, biegen wir auf Höhe eines Fußgängerstegs rechts ab und folgen der Beschilderung nach Kufstein über die Lofererstraße hinweg in die Hans-Neuner-Straße. Die Radwegbeschilderung lotst uns rechts in den Badweg und an der

Am Innradweg

Vorfahrtsstraße links in die Anzensteinstraße (kein Schild). Vorbei an einigen neuen Häusern verlassen wir das Tal der Brixenthaler Ache und bleiben an der nächsten Wegkreuzung geradeaus in Richtung Kirchbichl/Strandbad. Rechter Hand sehen wir nun zum ersten Mal den Großen Pölven, den Berg, den wir auf dieser Radtour umrunden.

Vorbei am Hofladen Pranzhof führt uns die Lindenstraße zu einer Wegverzweigung. Wir halten uns hier links, radeln um einen alten Bauernhof herum und biegen dann links-rechts in die größere Oberndorfer Straße ein, die nach Norden führt. Wir queren die große Tiroler Straße in Fahrtrichtung und erreichen die Dorfmitte von Kirchbichl an der Kirche und dem Gasthof Schroll. Direkt dahinter biegen wir links in die Schreinergasse ein und bremsen etwas, denn noch im Bergabschwung geht es für uns vor dem Holzzaun nach rechts in Richtung Innradweg. Der für Autos gesperrte Weg führt unter der Bahn hindurch, und kurz darauf folgen wir dem Innradweg.

Historische Malerei am Postwirt in Söll

Oben: Wir sind heute im Kaiserreich unterwegs, denn der Wilde Kaiser ist von überall gut sichtbar.

Rechte Seite: Kirchbichl am Inn

Nach Kufstein Wir queren eine Straße, die auf die andere Seite des Inns führen würde; wir aber bleiben unserem Ostufer treu. Kurz darauf nehmen wir mit einer Rechtskurve Abstand vom Inn, radeln durch ein Wohngebiet und unterqueren erneut die Bahngleise, um anschließend wieder über die Felder zu radeln. Schließlich erreichen wir eine Wegverzweigung, biegen hier ganz links ein (klitzekleines Radwegschild am Zaun) und radeln zum Finale entlang des Glaurachbachs zum Inn zurück.
Ihm folgen wir nun stur flussabwärts und erreichen nach einer Staustufe am Recyclinghof Kufstein. Dort lotst uns die Radwegbeschilderung vorbei am Krankenhaus in die Waginger Straße, von der wir bald links in die Einfangstraße einbiegen, die wir von der Hinfahrt bereits kennen. Auf ihr erreichen wir wieder den Inn. Diesmal queren wir ihn nicht, sondern setzen nach rechts unsere Fahrt auf der Innpromenade in die Altstadt fort. Jetzt lassen wir die Räder am besten stehen, sperren sie ab und erkunden Kufstein zu Fuß.

Zurück über die Grenze Für die letzte Etappe bleiben wir auf der Altstadtseite in Flussnähe und queren erst am Fischergriessteg den Inn. Auf der anderen Seite haben wir den Hinweg wieder erreicht, auf dem wir jetzt zurück nach Kiefersfelden radeln. Alternativ können wir dann durch die Hauptstraße von Kiefersfelden fahren und ihr stur über den Kiefernbach nach Norden folgen. Ein gutes Stück außerhalb des Orts biegen wir rechts ein und fahren abwärts zurück zum Hödenauer See.

Unten: Unterwegs auf dem Innradweg südlich von Kufstein

Die Perle Tirols

So wird Kufstein im »Kufsteinlied« bezeichnet, und die kleine Stadt am Inn ist auch wirklich bezaubernd. Das zeigt sich schon am Unteren Stadtplatz mit seinem sanft ansteigenden Markt und dem Marienbrunnen: Links zieht sich eine geschlossene Häuserfront mit kleinen Geschäften und Cafés den Berg hinauf und endet bei dem historischen Gebäude der Sparkasse aus dem Jahr 1877. Rechts dominiert die Festung über dem Zwiebelturm der Pfarrkirche St. Vitus und dem Stufengiebel des Rathauses mit seinen charakteristischen rot-weißen Fensterläden. Die Festung erreichen wir bequem mit der Panoramabahn; die Fahrt und der Besuch der wichtigsten Museen ist im Festungs-Kombiticket enthalten.

Wohnmobilstellplatz Hödenauer See

Am Grenzort zwischen Bayern und Tirol

Mit der herrlichen Kulisse eines sich im See spiegelnden Kaisergebirges ist der Platz nicht nur für Wassersportfans geeignet. Duschen, WCs und Sanitäranlagen sind ebenfalls vorhanden, obwohl es sich eigentlich nur um einen Parkplatz handelt.

Direkt am Wohnmobilstellplatz am Hödenauer See befindet sich eine im Sommer gut besuchte Freizeitanlage. Hier wird in schönster Alpenlandschaft Wakeboard gefahren, Runde um Runde, und es ist spannend, die jungen Wassersportler zu beobachten. Bei dem Stellplatz handelt es sich um einen reinen Zweckparkplatz, der sich aber genial für alle anbietet, die ein Fahrrad dabeihaben, denn rund um Kiefersfelden gibt's noch mehr Seen zu entdecken, darunter den Hechtsee oder den Thiersee.

Geeignet für Von Mai bis Oktober darf man hier für wenig Geld zwei Nächte bleiben.

Adresse Guggenauerweg 1a, 83088 Kiefersfelden, Tel. 08033/97 65 27, tourismus-kiefersfelden.de

Anfahrt A 93 bis Ausfahrt Kiefersfelden, in Richtung Kiefersfelden, dann aber rechts auf die Rosenheimer Straße zum Hödenauer See nördlich der Ortschaft

GPS 47.628402, 12.189583

Besonderheit In Kiefersfelden gibt es am Bahnhof einen weiteren Stellplatz (Bahnhofstr. 40), der sich ebenfalls gut als Startplatz eignet.

15 Von Wasserburg nach Rosenheim

Rundtour auf dem Innradweg

mittel | 64 km | 450 Hm | 5 Std.

Startplatz Radtour
Wohnmobilstellplatz Wasserburg am Badria, s. S. 128

Tourencharakter
Gut ausgeschilderte, aber längere Strecke über den Innradweg. Sie verläuft meist mit einigem Auf und Ab auf Nebenstraßen und Radwegen. Die halbe Strecke kann man mit der Bahn abkürzen. Mückenmittel im Sommer nicht vergessen!

Das Ziel der heutigen Tour ist Rosenheim, das Tor zum Chiemgau. Die Stadt liegt am Inn und ist mit ihren malerischen Laubengängen, den netten Geschäften und zahlreichen Straßencafés wunderschön. Am westlichen Innufer radeln wir nach Wasserburg zurück.

Im Auf und Ab durch Wasserburg Von unserem Startplatz am Badria in Wasserburg rollen wir zunächst zum Inn und in die Wasserburger Altstadt hinunter. Dafür können wir am nördlichen Ende des Wohnmobilplatzes zur Straße Am Fröschlanger radeln und ihr bergab zur Straße Hochgarten folgen. Diese wiederum bringt uns rechts zur Rosenheimer Straße, auf der wir rechts die Brücke über den Inn erreichen. Flugs sind wir über die rote Brücke in der Wasserburger Altstadt gefahren – die Stadtbesichtigung muss jetzt wohl aber angesichts der langen Tour erst mal warten.

Den einst mitten in der Altstadt gelegenen Bahnhof gibt es nicht mehr, nur noch die Station im Ortsteil Reitmehring westlich der Altstadt. Dafür müssen wir wieder zum Innhochufer hinauf – also fahren wir nach dem Stadttor links in die Schmidzeile und damit in westlicher Richtung aus der Stadt. Ein Stück radeln wir auf der Münchner Straße, dann folgen wir der Radwegbeschilderung nach rechts in die kleinere Köbingerbergstraße bergauf bis zu einem Kreisverkehr. Jetzt geht es rechts weiter, wobei der Radweg auf der anderen Straßenseite verläuft. Am nächsten Kreisverkehr biegen wir dann links ein und radeln im Zickzack durch das Gelände des Krankenhauses in südlicher Richtung weiter.

Auf der Westroute Bald haben wir den Ortsrand von Wasserburg erreicht, werden an einem Wanderparkplatz nach rechts und dann wieder nach links gelotst und sind schließlich auf einem herrlich einsamen Radweg in südlicher Richtung unterwegs. Nach dem Gut Gern folgen die Weiler Reisach, Kornberg

und Limburg. Dann nähern wir uns dem Klosterdorf Attel, das hoch über dem Zusammenfluss von Attel und Inn thront.

Zur Besichtigung steuern wir den Klosterturm an, für die Weiterfahrt biegen wir jedoch vor der Klosterkirche nach links (Innradweg-Schild) und rollen steil abwärts, zunächst ein Stück Richtung Norden zurück. Damit erreichen wir nun das Innufer in der Attlerau. Wo wir an den Gemüsefeldern auf den Dammweg stoßen, folgen wir ihm nach rechts und radeln gleich darauf am Zusammenfluss von Attel und Inn vorbei. Auf einer Brücke überqueren wir die Attel, bleiben auf derselben Straßenseite und wenden uns gleich nach der Brücke links in den Feldweg, der in Innufernähe Richtung Süden führt.

Zum Abschluss winken jede Menge Cafés in Wasserburg.

Oben: Wasserburg und seine Altstadt sind vom Inn geprägt.

Wunderschöne einsame Höfe liegen am östlichen Innhochufer.

Abstecher nach Rott? Wir passieren Altwasserarme und radeln stets parallel zur großen B 15. An einem einsamen Hof queren wir die Bundestraße und biegen dann nach links in Richtung Griesstätt. Kurz vor der Innbrücke geht es wieder nach rechts auf einen ungeteerten Uferweg, der uns weiter entlang des Westufers auf dem Innradweg nach Süden führt.
Bald überqueren wir nach links den Rabenbach, und kurz danach bietet sich ein Abstecher in den nahen Ort Rott mit seiner Klosterkirche an. Statt geradeaus dem Innradweg zu folgen, halten wir uns dafür rechts und überqueren in Lengdorf die B 15. Dann folgen wir der Radwegbeschilderung aufwärts ins Klosterdorf.
Wer sich den Abstecher nach Rott erspart, folgt dem kleinen Fluss Rott und erreicht schließlich eine geteerte Autostraße, die uns links über die Brücke zum Rotter Badesee bringt. Nun können wir in den See springen und uns erfrischen oder zur Innstaustufe Feldkirchen weiterradeln.

Geschützte Innauen Das Innkraftwerk ist eine der imposanten Staustufen, die in den 1960er-Jahren zur Stromgewinnung und als Hochwasserschutz am gesamten Innverlauf gebaut wurden. Flussabwärts zur nächsten Staustufe bei Wasserburg sind die Uferzonen, die Wasser- und Verlandungsflächen sowie die

Auwaldbestände und Steilufer als Naturschutzgebiet und Vogelfreistätte ausgewiesen worden. Die Schilfflächen dienen als Brut- und als Rastplätze für Zug- und überwinternde Wasservögel. Fischadler, Schwarzmilan und Silberreiher werden hier regelmäßig gesehen, und auch der Biber hat sich hier seit einigen Jahren wieder angesiedelt. Seltene Arten von Fluginsekten wie Libellen, Schmetterling oder Nachtfalter sowie verschiedene Eidechsenarten oder Lurche haben hier ebenfalls eine Heimat gefunden.
Wir umkurven das Kraftwerk und fahren dahinter auf die Uferkrone des Inndamms. Nun fließt das Innwasser direkt neben unserem Radweg entlang. Der neun Kilometer lange Abschnitt würde fast eintönig wirken, wären da nicht immer wieder die Altwasserbecken, die je nach Wasserstand den Inn sich zu einem riesigen Sumpfgebiet ausweiten lassen.

Rosenheims Altstadt entdecken Schließlich erreichen wir, nachdem wir an Langenpfunzen vorbeigefahren sind, Rosenheim. Hier verlassen wir das Innufer und wenden uns an der Mangfallmündung rechts in die Ellmaierstraße. Von dort geht es links in die Kaiserstraße, wo wir am Mittertor in die Rosenheimer Altstadt gelangen. Rund um Max-Josefs- und Ludwigsplatz

Prächtig bunt und verwinkelt

Mit seiner Altstadt liegt Wasserburg in einer engen Flussschleife des Inns. 1237 ließ sich der mächtige Hallgraf Engelbert einen neuen Stammsitz genau an dieser Engstelle erbauen. Den Ort Wasserburg brauchte er dabei nicht erst zu gründen, den gab es hier schon seit dem 11. Jh. Die Burg, die im Lauf der Jahrhunderte immer wieder umgebaut und verändert wurde, steht heute noch: Es ist der markante große Bau mit Stufengiebeln, der ein Stück links von der Innbrücke die Altstadt abschließt. Das große Prunkstück der Stadt ist das gotische Rathaus mit seinen reich verzierten Sälen. Es steht am Marienplatz, um den sich schöne, oft stuckverzierte Häuser gruppieren, wie z. B. das hübsche Kernhaus. In der Herrengasse finden wir das Städtische Museum, das einen Überblick über Wasserburgs Geschichte bietet und durch seine reiche Sammlung von »Alltäglichkeiten« interessante Einblicke in das Leben früherer Zeiten erlaubt. In der wuchtigen Pfarrkirche St. Jakob steht die berühmte Kanzel der Gebrüder Zürn: Noch während des Dreißigjährigen Kriegs geschaffen, zählt sie zum Feinsten, was in der späten Renaissance in Altbayern entstand. Bei einem Altstadtbummel kann man noch viel mehr entdecken – schmale Gassen, kleine Plätze, viele bunte Häuser. Den bezaubernden Flair von Wasserburg kann man auch in einem der vielen Straßencafés genießen.

entdeckt man die meisten Sehenswürdigkeiten, und wir wollen uns gern etwas Zeit dafür gönnen.

Wer den hügeligen Rückweg scheut, steuert nun den Bahnhof von Rosenheim an, der südwestlich der Altstadt liegt. Ansonsten wählen wir die Innstraße, die die Verlängerung des Ludwigsplatzes ist. Sie führt uns zunächst über die Mangfall und anschließend über den Inn.

Rechte Seite:
Oben: Belebt: der Max-Josefs-Platz in Rosenheim

Unten: Vom Aussichtspunkt unweit des Stellplatzes erkennt man deutlich die Lage der Stadt auf einer Halbinsel.

Auf dem Innradweg

Auf der anderen Flussseite beginnt wieder der Innradweg, dessen Beschilderung uns sicher nach Wasserburg zurückführen wird. Zunächst genießen wir die ebene Fahrt auf der Dammkrone. Rechts von uns liegt etwas tiefer die Rosenheimer Hofau mit ihren Streuobstwiesen, die früher regelmäßig

Am Innradweg bei Attel

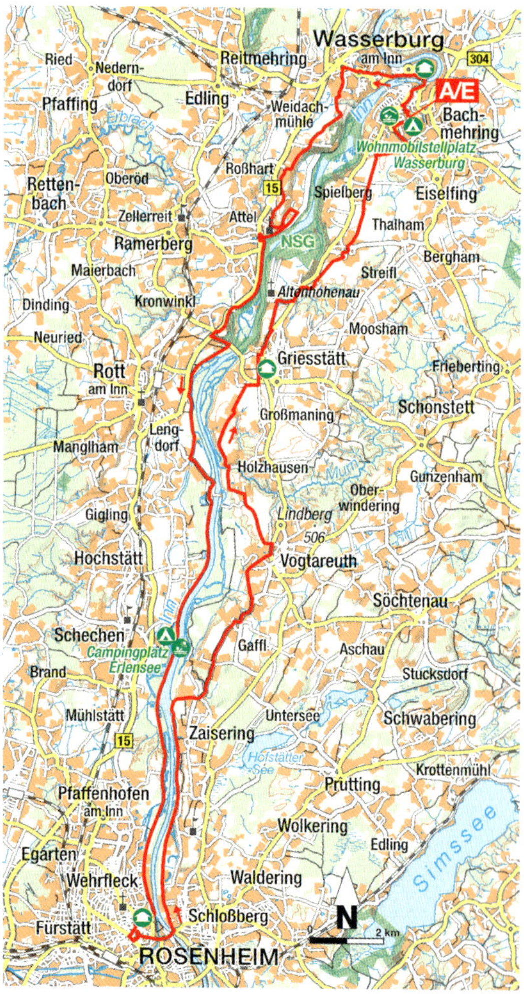

sthof Stockhammer
Hötzinger Bräu
Gasthof Stockhammer

vom Hochwasser überschwemmt war. Wir passieren einige Altwasserarme (die im Sommer zu Mückenbrutstätten mutieren!), halten uns nach insgesamt etwa 10,5 Kilometern rechts und lernen wieder das steile Innhochufer kennen: Zackig geht es die gepflasterte Auffahrt hinauf. Glücklich, wer ein E-Bike besitzt, denn die 16%-Steigung ist ohne Unterstützung fast nur schiebend zu meistern. Oben erwartet uns eine weite Aussicht – vor allem nach Süden über den Kirchturm von Zaisering hinweg ist der Panoramablick bis hinüber zu den Alpen gewaltig.

Wir passieren den Hof Entfelden und folgen an der Kreuzung von Zaißberg weiter dem Innradweg. So kommen wir durch den Wald über Buch, Sulmaring, Weikering und Eglham bis kurz vor Vogtareuth. Der Ort gehörte bis zur Säkularisation zum Kloster St. Emmeram in Regensburg und unterstand deswegen nicht den Wittelsbachern, sondern direkt dem Kaiser. Daran erinnert noch heute das Probsteihaus im Ortszentrum, in dem der Probst (der Verwalter) seinen Wohn- und Amtssitz hatte. Wer es besichtigen möchte, radelt in die Dorfmitte. Ansonsten biegen wir kurz vor dem Ort links ab und umrunden den Sportplatz.

Start am Erlensee

Wer die Radtour beim Campingplatz Erlensee beginnen möchte, radelt durch den Campingplatz in Richtung Inn, von dem uns jedoch einige Altwasserbecken trennen. Deshalb folgen wir links dem Feldweg entlang des Auwalds zunächst nach Norden. Wir stoßen auf eine kleine Straße, der wir für wenige Umdrehungen nach rechts folgen, dann beginnt scharf rechts der Innradweg, der uns nach Rosenheim bringt.

Bedeutender Kunstschatz Der nächste Weiler ist Sunkenroth mit seinen mächtigen unverputzten Bauernhäusern. Nun sind wir wieder in Flussnähe, und bald schon geht es zur Untermühle hinab, die direkt am herrlich romantischen Murnbach steht. Unmittelbar nach der scharfen Kurve geht es aber schon wieder steil bergauf, das Innufer möchte zurückerobert werden.

Über Wabach, Berg und mit einer großzügigen Rechts-links-Umfahrung der Felder erreichen wir den Ortsrand von Griesstätt, wo der Innradweg an der Ortsmitte vorbeigeführt wird. Wir radeln weiter nach Altenhohenau mit dem Kloster der Dominikanerinnen. Die äußerlich zwar unscheinbare Kirche lohnt dennoch einen Besuch: Die Altäre stammen von keinem Geringeren als Ignaz Günther und gehören zu den bedeutendsten Rokoko-Schnitzwerken in Südbayern – großartige Kunst!

Ein letztes Mal über die Höhe In Altenhohenau geht es rechts leicht bergauf, dann folgen wir für ca. 450 Meter einem Radweg parallel zur Autostraße. Diese überqueren wir alsdann und radeln, mal wieder bergauf, nach Laiming. Über die Felder sind wir bald in Kerschdorf, wo uns das Gasthaus Schmid zu einer Zwischenrast verführt.

Nun geht es schnurgerade über die Felder an Spielberg vorbei weiter nach Höhfelden, wo mal wieder die Redensart »Nomen est omen« zutrifft – aber versprochen, hier haben wir nun wirklich den letzten Anstieg vor Wasserburg geschafft! Bei Höhfelden biegen wir nach rechts und erreichen am Gewerbegebiet den Ortsrand von Wasserburg. In die große Priener Straße biegen wir links ein und erreichen die Privatmolkerei Baur. Jetzt halten wir uns beim Kreisverkehr rechts und gelangen über die Alkorstraße direkt zu unserem Startplatz am Badria.

Unten: Vogtareuths Pfarrkirche St. Emmeram ist barockisiert.

Das Fresko von Altenhohenau zeigt den Hl. Petrus im Himmel.

16 Von Schechen an die Mangfall

Biergarten- und Schmankerl-Tour westlich des Inns

mittel | 55 km | 200 Hm | 5 Std.

Startplatz Radtour
Campingplatz Erlensee, s. S. 129

Tourencharakter
Nur aufgrund der Länge eine mittelschwere Radrunde. Die meisten Steigungen liegen in der ersten Hälfte der Tour. Viele Fußwege, gute Einkehrmöglichkeiten

Kunst und Kultur prägen diese Radtour, aber auch der Genuss kommt nicht zu kurz: Neben zahlreichen Kirchenschätzen geizt die Runde nicht mit kulinarischen Finessen, ehe man an Mangfall und Inn entlang zurückradelt.

Aussichtsreich nach Großkarolinenfeld Wir verlassen den Campingplatz Erlensee auf der Zufahrtsstraße. Zunächst folgen wir der großen B 15 auf einem Radweg nach rechts und queren sie dann rechts-links haltend auf einer Brücke. Schon sind wir in Schechen, folgen dort der Rosenheimer Straße nach rechts und queren bald die Bahngleise. Auf Höhe des Rathauses, des ehemaligen Schlosses, geht es links in die Heiminger Straße und der Radwegbeschilderung nach Großkarolinenfeld folgend dann nochmals links in die Marienberger Straße. Wir sind jetzt

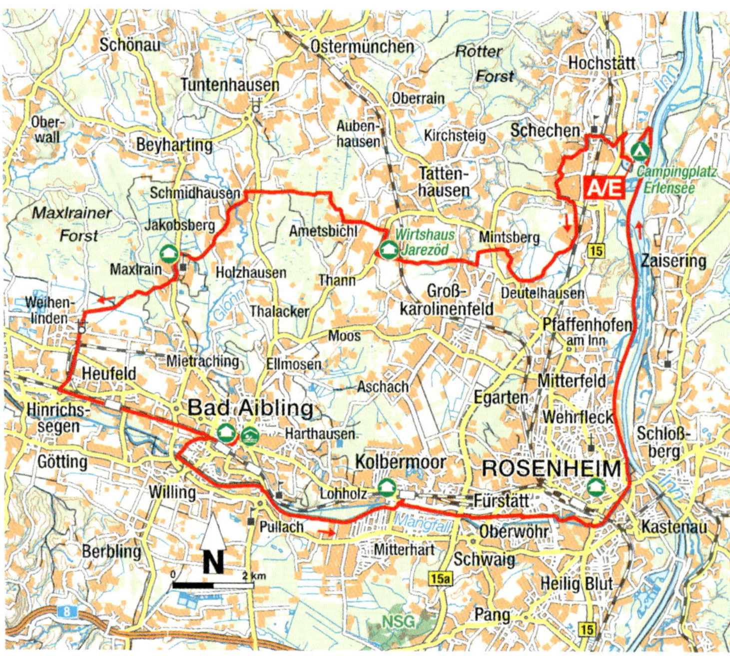

ein Stück auf dem SUR-Radweg unterwegs, der eigentlich über eine Länge von gut 80 Kilometern rund um Rosenheim führt. Bald geht es für uns rechts nach Marienberg mit seiner schönen Aussicht auf die Alpen. Vorbei an der Dorfkirche und dann links haltend treffen wir bei Germering auf die Bahn und erreichen aufwärts in einer sehr lang gezogenen Rechtskurve Mintsberg. Am Dorfende geht es links, dann queren wir die Landstraße und radeln über die Felder zu einer kleinen Autostraße. Ihr folgen wir nach rechts und passieren somit Großkarolinenfeld, das vor 200 Jahren vorwiegend von Siedlern aus der Pfalz gegründet wurde, die vor allem den Torf in den umliegenden Mooren abbauten.

Jarezöd und Filzenklas Wir bleiben nun stets geradeaus und passieren weiter bergauf Schlimmerstätt sowie ein großes Solarfeld. Danach queren wir die Gleise der Bahn Rosenheim–München und sind in Jarezöd mit seinem »Wirt von Dred«, einem echten Geheimtipp unter den bayerischen Wirtshäusern! Er

Unten: Herrlich plätschert die Mangfall in ihrem renaturierten Flussbett.

Historischer Wegweiser in Maxlrain

punktet nicht nur mit seiner guten Küche, sondern auch mit seinem Panorama-Biergarten, von dem aus man eine wunderbare Sicht auf die Alpen genießt.

Wer jetzt jedoch noch keinen Hunger verspürt, den dürfen wir vertrösten, denn mit der Filzenklas und Maxlrain liegen weitere kulinarische Höhepunkte an der Strecke. So biegen wir am »Wirt von Dred« rechts ab und radeln über die Felder. In einem Waldstück biegen wir dann links ein, queren bei Ester eine kleine Straße und wenden uns vor Ametsbichl nach rechts. Die kleine Nebenstraße führt uns zum Erdgasspeicher Schmidhausen und weiter in den Wald.

Vor der Bohrstelle geht es für uns nach links und nun schnurgerade durch die Schmidhauser Filze zur Waldgaststätte Filzenklas. Das historische Wirtshaus war ursprünglich als Ver-

Im Bräustüberl-Biergarten von Maxlrain ist man ganz auf Fahrradfahrer eingestellt.

Unten: Die Wallfahrtskirche Weihenlinden vor dem Wendelstein

sorgungsmöglichkeit für die Torfarbeiter gedacht und ist heute eine beliebte Erlebnisgaststätte mit Teich, Kinderspielplatz und Hirschgehege sowie zwei Erlebniswegen durch das Moor und den Wald.

Nach Maxlrain Weiter in westlicher Richtung sind wir kurz nach Filzenklas, eine Straße querend, in Schmidhausen. Hier biegen wir links ein, halten uns am Ortsende rechts und radeln auf einer Brücke über das Flüsschen Glonn nach Jakobsberg hinauf. An klaren Tagen begeistert die Aussicht auf die nahen Berge mit dem Wilden Kaiser. Hinter Jakobsberg halten wir uns rechts und folgen der Beschilderung nach Maxlrain, das wir über den Golfplatz und dann links haltend erreichen. Jetzt können wir noch mit einem Abstecher links das Schloss Maxlrain zumindest von außen besichtigen sowie der Schlosswirtschaft oder dem Bräustüberl einen Besuch abstatten.

Über Weihenlinden nach Bad Aibling Ab dem Bräustüberl folgen wir der Beschilderung Richtung Weihenlinden. Dafür radeln wir leicht bergab und queren nach einem Waldstück den Moosbach. Dahinter haben wir die Mangfallebene erreicht. Bald halten wir uns links und steuern direkt auf die Wallfahrtskirche von Weihenlinden mit ihren beiden Zwiebeltürmen zu. Die Wallfahrt entstand zur Zeit des Dreißigjährigen Kriegs, als man die kleine Rundkapelle baute, in der eine Quelle gefasst war, der man große Heilkraft zuschrieb. Sie wurde das Ziel zahlreicher großzügiger Pilger, sodass man sich den Bau der heutigen Wallfahrtsbasilika leisten konnte. Im Inneren steht hinter dem Hochaltar versteckt das eigentliche Heiligtum.
Nach der Kirche bleiben wir geradeaus und folgen nun zunächst der Beschilderung zum Mangfall-Radweg. Dafür unterqueren

Maxlrain

Schlösser gibt es in Bayern viele, schließlich wollte jeder Adelige einen angemessenen Wohnsitz sein Eigen nennen. Doch wenige strahlen so viel bayerische Mentalität aus wie Schloss Maxlrain: Vier wuchtige Zwiebeltürme begrenzen den Hauptbau, der über einen klar gegliederten Garten mit Springbrunnen im Zentrum wacht. Das Schloss ist heute privater Wohnsitz der Familie Erich Prinz von Lobkowicz und deshalb nicht zu besichtigen, aber durch das schmiedeeiserne Portal kann man bequem Garten und Schloss bewundern. Zwei Gaststätten stehen in Maxlrain zur Auswahl: die Schlosswirtschaft mit ihrer gehobenen Küche und, ein paar Hundert Meter weiter Richtung Weihenlinden, der Bierausschank der Schlossbrauerei Maxlrain, der Biergarten-Feeling vom Feinsten bietet.

wir die größere Staatsstraße und erreichen Heufeld sowie die Bahngleise. Diese queren wir und biegen sofort links ein, um nun schnurgerade entlang der Gleise Bad Aibling anzusteuern. Wer den Kurort besichtigen möchte, wechselt am Ortsbeginn auf die andere Gleisseite und folgt ihnen weiter am Bahnhof vorbei zum Kurgarten. Wer sich dann links hält, erreicht das Zentrum.

Das Alte Schloss von Schechen stammt aus der zweiten Hälfte des 16. Jahrhunderts.

Linke Seite: An der ehemaligen Spinnerei in Kolbermoor

Radwege nach Rosenheim Alle anderen halten sich am Aiblinger Ortsbeginn gleich nach dem Jugendzentrum rechts und umrunden somit die kleine Kurstadt in einem großen Bogen. Die von Bäumen gesäumte Straße führt uns dabei über den Triftbach direkt zur Mangfall, wo wir den Mangfall-Radweg erreichen. Wir queren die Mangfall und folgen ihr nun flussabwärts bis Kolbermoor. Für eine weitere Pause lockt hier das umgestaltete historische Spinnereiviertel, das sehr sehenswert nördlich von Mangfall und Kanal liegt.
Für die Weiterfahrt folgen wir nun dem Kanal zunächst auf der Friedrich-Ebert-Straße. Die Strecke wird bald wieder zu einem Radweg, der uns nach Rosenheim führen wird. Nach dem Kraftwerk Oberwöhr queren wir aber ans südliche Kanalufer, passieren die auf der anderen Seite liegende Kunstmühle, die bereits zu Rosenheim gehört, und erreichen wieder den Fluss Mangfall. Wenn wir uns nun stets an diesem entlang auf dem Radweg halten, umgehen wir den Rosenheimer Stadtverkehr sehr geschickt.

Zum Finale – Innradweg Relativ verkehrsberuhigt erreichen wir so den Zusammenfluss von Mangfall und Inn am ehemaligen Gelände der Bundesgartenschau. Nun folgt direkt im Anschluss der Innradweg, dem wir für etwa zehn Kilometer flussabwärts folgen. Fast völlig eben radeln wir durch die Innauen und vorbei an einigen Altwasserarmen. Mal sind wir mehr, mal weniger nahe am Flussufer und erreichen schließlich links die Abzweigung nach Schechen. Wenn wir uns gleich nochmals links halten, können wir die letzten Meter über einen Feldweg direkt zum Campingplatz zurückradeln.

Wohnmobilstellplatz Wasserburg

Der Spar-Tipp

Völlig gratis darf man in Wasserburg am Inn auf einem Parkplatz bis zu drei Tage übernachten – das ist ein echtes Geschenk und daher ideal für Sparfüchse, die sonst auf nicht viel verzichten müssen, denn das Beste von Wasserburg ist fußläufig erreichbar.

Klar, da gibt es keinen Luxus, aber als Wohnmobilfahrer kann man sich ja selbst versorgen. Zumindest gibt es ein paar Stromanschlüsse. Und wer baden oder duschen möchte, besucht einfach das gegenüberliegende Freizeitbad Badria – dort ist Spiel und Spaß garantiert. Die Wasserburger Altstadt ist nicht weit, wobei ein kleiner Höhenunterschied bewältigt werden muss. In der Nähe gibt es Einkaufsmöglichkeiten sowie eine Bushaltestelle.

€€€

Geeignet für Selbstversorger im Campingbus oder Wohnmobil

Adresse Wohnmobilstellplatz Wasserburg am Freizeitbad Badria, Alkorstr. 14, 83512 Wasserburg am Inn, Tel. 08071/105 22, wasserburg.de

Anfahrt Auf der B 304 nach Wasserburg, auf die andere Innseite wechseln und der Beschilderung zum Freizeitbad Badria folgen

GPS 48.050800, 12.226656

Besonderheit Der Spaziergang zur Altstadt führt abseits des Verkehrs durch das Wuhrtal.

Campingplatz Erlensee

Mittelpunkt für viele Ausflüge

Offiziell ist der Erlensee kein Trinkwassersee, aber das absolut saubere smaragdgrüne Wasser kommt diesem Qualitätsanspruch schon sehr nahe – eingebettet in ein wunderschönes Landschaftsschutzgebiet ein idealer Touren-Ausgangspunkt.

Auf halber Strecke zwischen Rosenheim und Wasserburg am Inn bietet der Campingplatz Erlensee viel Erholung und Freizeitspaß. Idyllisch am grünen Erlensee gelegen, mit Blick auf die Alpen, freut man sich über die zahlreichen Ausflugsmöglichkeiten – ganz abgesehen vom Inntalradweg direkt vor der Tür. Gleich nebenan gibt es ein Restaurant und fußläufig einen kleinen Supermarkt.

Geeignet für Das ganze Jahr über kann man den Platz anfahren, es gibt 50 Stellplätze.

Adresse Campingplatz Erlensee, Rosenheimer Str. 63, 83135 Schechen, Tel. 08039/1695, camping-erlensee.de

Anfahrt A 8 bis Ausfahrt Rosenheim oder B 304 Richtung Wasserburg, dann auf der B 15 am westlichen Innufer nach Schechen zum ausgeschilderten Campingplatz

GPS 47.924943, 12.135242

Besonderheit Gleich sieben unterirdische Quellen speisen den Erlensee.

17 Um den Chiemsee

Rundfahrt um das Bayerische Meer

mittel | 59 km | 200 Hm | 5.30 Std.

Startplatz Radtour
Chiemsee Strandcamping in Grabenstätt, s. S. 142

Tourencharakter
Einfache und gut ausgeschilderte, aber respektabel lange Rundtour rund um den See. Die Steigungen gilt es am Beginn der Tour zu überwinden.

Wer den Chiemgau und das Bayerische Meer kennenlernen möchte, sollte den See mit dem Fahrrad umrunden – auf keine andere Weise erlebt man ihn so unmittelbar und vielfältig, wie bei dieser Tour, die zu den Klassikern der Radrunden in Oberbayern gehört.

Nach Übersee Los geht es direkt beim Chiemsee Strandcamping, wo wir uns auf den Radweg nach rechts, also in südlicher Richtung aufmachen. Schon sind wir auf dem bekannten Chiemsee-Radweg unterwegs, und wer der Beschilderung aufmerksam folgt, kann sich nicht mehr verfahren. Vorbei an Unterhochstätt und Hagenau biegen wir bald danach rechts ein und erreichen das Flussdelta der Tiroler Achen an der Hirschauer Bucht. Vom Beobachtungsturm lassen sich viele, zum Teil auch seltene Wasservögel entdecken. Am Wirtshaus Hirschauer Bucht wendet

sich unser Weg nach links und folgt nun ein Stück dem Rothgraben. Dann stoßen wir auf die Autobahn, der wir nach rechts über die Tiroler Achen folgen.
An dieser Stelle könnte man die Tour etwas abkürzen und auf der nördlichen Autobahnseite bleiben. Wer es schafft, den Lärm der A 8 zu ignorieren, radelt am Bootshafen von Übersee nach links und bleibt auf dem Radweg zwischen Autobahn und Chiemsee. In Ufernähe erreicht man dann ohne Anstieg den Chiemseepark Felden bei Bernau, wo sich beide Radwege wieder vereinen.

An vielen Stellen kann man sich Boote ausleihen, um über das »bayerische Meer« zu schippern.

Oben: Am Chiemsee-Uferradweg ist gerade im Sommer viel los.

Anstrengend, aber schön Wesentlich ruhiger ist es, wenn man die etwas anstrengendere Variante über den Westerbuchberg wählt. Dafür biegen wir links unter der Autobahn hindurch, dann geht es rechts durch den Wald nach Feldwies bei Übersee.

Wassergraben im Naturschutzgebiet an der Mündung der Tiroler Achen

Mitte: Rastbänke an der Chieminger Uferpromenade sorgen für eine längere Pause.

In die Hauptstraße biegen wir kurz rechts ein, verlassen sie links in die Greimelstraße, passieren kurz darauf das Exter Kunsthaus und radeln über den Überseer Bach in den Konradweg. Von dort geht es nach links, jetzt in südliche Richtung (Schild »Übersee/ Grassau«).

Alle Kreuzungen geradeaus querend, radeln wir über die Bahngleise und sind in der Ringstraße von Übersee. Von dort geht es rechts in die Hocherlacher Straße, die uns steil bergauf zum Westerbuchberg führt. In der scharfen Linkskurve haben wir es aber auch schon geschafft – wir halten uns rechts, und nun geht es am Rand der Kendlmühlfilzen entlang zum ehemaligen Torfbahnhof. Dieser liegt direkt an den Bahngleisen und ist eine Besichtigung wert.

Über Felden nach Prien Danach folgen wir weiter den Schienen und biegen kurz vor Bernau rechts in die Eichetstraße ab. Vorbei an drei einsamen Häusern halten wir uns nach dem Waldstück links in die Baumannstraße, dann geht es rechts auf der Hochfellnstraße zur A 8 unweit der Autobahnauffahrt Felden. Mit einem großen Bogen gelangen wir auf die Chiemseeseite und folgen nun stets der Beschilderung Richtung Prien. Vorbei am Strandbad Bernau queren wir bald die Bernauer Ache und radeln dann in nördlicher Richtung über den verlandeten Seeboden. Wir passieren den Campingplatz Harras und folgen immer der Straße in Ufernähe bis zum Bootsanlegeplatz von Prien.

Der schönste Abschnitt Die gesamte nördliche Spange des Chiemsee-Rundwegs entpuppt sich als der schönste Abschnitt. Vorbei am Freizeitbad Prienavera erhaschen wir einen Blick auf die Herreninsel mit Schloss Herrenchiemsee des Königs Ludwig II. Idyllisch gelegen passieren wir einige Fischerhütten und umrunden bald die seichte Schafwaschener Bucht. Es geht an der privaten Halbinsel Sassau und an der Spitze der Halbinsel Urfahrn vorbei, dann erreichen wir nach einigen prächtigen Villen Gstadt. Vom Hafen haben wir den schönsten Blick auf die Fraueninsel mit dem Campanile der Klosterkirche.

Die Badesachen sind hoffentlich eingepackt, denn wir erreichen viele kleine Badebuchten.

Oben: Möwen schweben elegant über dem Chiemsee.

Weiter geht es mit grandiosen Aussichten auf die weite Seefläche und die nahen Chiemgauer Berge über Schalchen, Mitterndorf, Gollenshausen und Lambach nach Seebruck. Wir überqueren den Abfluss der Alz, dann haben wir die Nordspange um den See geschafft. Jetzt folgen wir nur noch der Beschilderung Richtung Chieming und halten dabei stellenweise wieder etwas Abstand zum See. Hinter dem Strandbad von Chieming haben wir unseren Ausgangspunkt beim Chiemsee Strandcamping dann wieder erreicht.

Seebruck am nördlichen
Chiemseeufer

18 Von Übersee nach Schleching

Durchs Moor ins Achental

leicht | 52 km | 400 Hm | 4.30 Std.

Startplatz Radtour
Wohnmobilstellplatz Steiner, s. S. 143

Tourencharakter
Sehr schöne, abwechslungsreiche längere Runde mit überschaubaren Höhenmetern. Der etwas längere Anstieg erfolgt gleich zu Beginn.

Mit einem großen Bogen über die Kendlmühlfilzen radeln wir von Übersee nach Grassau ins Schlechinger Tal. Immer die Berge im Blick ist die Tour besonders abwechslungsreich und bietet zudem wunderbare Rastplätze an der Tiroler Achen – also, viel Vergnügen!

Zum Torfbahnhof Wir starten am Wohnmobilstellplatz Steiner und radeln in einem Bogen nach rechts zur größeren Autostraße Übersee–Grassau. Diese queren wir geradeaus und fahren zur nächsten Wegverzweigung. Kurz geht es nach links, dann rechts über den Moosbach zur Daxmühle. Hier teilt sich die Straße, und wir radeln nun links steil bergauf nach Westerbuchberg. Wer ein E-Bike besitzt, hat es jetzt leicht, ansonsten hilft nur: Gänge runterschalten. Die Kirche im kleinen Weiler lohnt einen Besuch, sie zählt zu den ältesten Gotteshäusern in der Gegend.

Schleching hat sich das touristische Gütesiegel eines Bergsteigerdorfs verdient.

Nördlich unseres Stellplatzes liegen einige der schönsten Strände des Chiemsees.

Dahinter rollen wir leicht abwärts und in der Kurve nach links. Die Straße senkt sich durch den Wald und führt uns dann in einer weiteren Kurve über eine Wiese. Gleich darauf biegen wir rechts ein und erreichen entlang der Gleise den ehemaligen Torfbahnhof, in dem heute ein Museum untergebracht ist (Öffnungszeiten unter grassau.de). Auf Infotafeln erfahren wir viel über den Torfabbau und die Renaturierungsmaßnahmen.

Das kleine Museum Salz & Moor präsentiert auch die Geschichte des Soleleitungswegs.

Durch die Kendlmühlfilzen Nach der Besichtigung geht es für uns links weiter, und wir folgen der Radwegbeschilderung Richtung Grassau, die uns in einem Bogen am Rand der Kendlmühlfilzen entlangführt.

Kurz vor Rottau fahren wir noch einmal nach links und biegen dann wieder rechts ab, um weiter in der Nähe des Moors zu radeln. Dann sehen wir das Museum Salz &Moor im Klaushäusl, das auf der anderen Seite der großen B 305 liegt. Eine Besichtigung der ehemaligen Pumpstation am Soleleitungsweg lohnt sich, ein nettes Café ist angeschlossen. Wer sich anschließend

drei Kilometer Radweg sparen möchte, folgt vom Klaushäusl einfach dem separaten Radweg entlang der Straße und biegt dann vor der Tankstelle in Marquartstein rechts ab.

Ansonsten bleiben wir auf der Moor-Seite, folgen weiter der Radwegbeschilderung Richtung Grassau und erreichen einen kleinen Wanderparkplatz am Rand des Moors. Hier bleiben wir geradeaus und besuchen mit einem Schwenk das Moor und den Moorerlebnisweg. Mit einem Abstecher zu Fuß erreicht man in wenigen Minuten den Aussichtsturm. Im Anschluss verlassen wir die Kendlmühlfilzen, queren den Hindlinger Bach und steuern Grassau mit seinem Kirchturm an.

Über Piesenhausen nach Raiten An der Kirche Mariä Himmelfahrt treffen wir auf die Dorfstraße, der wir nach rechts folgen. Am Ortsende, nach der Tankstelle, biegen wir links in den nach

Piesenhausen/Marquartstein ausgeschilderten Radweg ein. Er führt uns in südlicher Richtung mit herrlichem Bergblick über die Felder nach Piesenhausen. Nach links geht es durch den Ort, der mit vielen alten Bauernhäusern prunkt. Am Ortsende radeln wir rechts in den Hofweg, der zur Hofkapellenstraße wird.
An ihrem Ende führt uns der Radweg in den Wald, und die erste

Steigung steht an. Zum Glück ist der Weg schattig, zudem gibt es im Anschluss kaum weitere nennenswerte Steigungen. Im Wald wendet sich der Weg nach rechts und in der Nähe der Hofkapelle wieder nach links. Dann führt er zu einer Autostraße. Dieser folgen wir ein Stück nach rechts und biegen dann links in den Radweg ein – er ist bereits nach Schleching beschildert. Wieder geht es auf einem malerischen Weg durch Wald und über Wiesen und durch das Süssener Moos. So fühlt sich Radelglück an!
Im Weiler Süssen stoßen wir erneut auf die Autostraße, der wir nun nach links folgen. In die nächste Straße, die Emperbichlstraße, biegen wir rechts ein. Die Radwegschilder führen uns gleich links nach Raiten, wo wir nach dem Raitner Wirt unterhalb der Wallfahrtskirche Maria zu den Sieben Linden zu einem Radweg kommen. Diesem folgen wir nach rechts, parallel an der Bundesstraße entlang.

Die Hofkapelle bei Piesenhausen

Mitte: Am Zellersee

Zum Bergsteigerdorf Schleching Das macht weniger Spaß, und obwohl geradeaus der Bundesstraße folgend die einfachste Variante wäre, biegen wir lieber kurz vor der Abzweigung zum Campingplatz Zellersee rechts in den Waldweg ein (Achtung: Nur Wanderschilder bezeichnen diese Stelle!). Jetzt geht es mit etwas Abstand am Zellersee vorbei und dann unterhalb der Zellerwand, in der gern Kletterer ihre Künste unter Beweis stellen, aufwärts zu einer Kreuzung am Waldrand.

Mit bestem Blick über das Schlechinger Tal sausen wir nun abwärts und folgen an den ersten Häusern in Mettenham rechts der Beschilderung über Mühlau nach Schleching. So erreichen wir das kleine Bergsteigerdorf auf verkehrsarmen Wegen und können uns im Gasthaus zur Post stärken, ehe wir weiterradeln.

Weil uns das Tal so gefällt, setzen wir die Tour noch ein Stückchen fort. In Schleching folgen wir also am Rathaus der Beschilderung »Ettenhausen über Wirtschaftswege« – zwischen Tourist-Info und Musikpavillon geht es zur Schulstraße und schließlich auf dem Katzbachweg über die Felder. Die Ausblicke lassen keine Wünsche offen, auch wenn der Weg noch einmal etwas ansteigt. Hinter dem einsamen Hof wendet sich der Radweg nach links und führt über den Alpbach nach Ettenhausen am Fuß des Geigelsteins.

Schleching

Das Pfarrdorf liegt an der Grenze zu Tirol und ist ein beliebter Ausgangspunkt für zahlreiche Wanderungen, z. B. auf den für seinen Blumenreichtum berühmten Geigelstein oder für die grenzüberschreitende Route nach Kössen. Kein Wunder, dass Schleching das Prädikat »Bergsteigerdorf« erhielt. Bewusst wendet man sich hier vom Massentourismus ab und setzt sich für den Erhalt der Natur, aber auch für Tradition und Brauchtum ein – mit dem Ziel, auch nachfolgenden Generationen eine Heimat zu erhalten, die von Nachhaltigkeit geprägt ist.

Am Achendamm Nun folgen wir der Beschilderung »Unterwössen über den Achendamm«, radeln noch durch Ettenhausen und biegen dann links in den Ulmenweg – schon brausen wir abwärts und in einem großen Bogen über die Felder zur B 307. Diese können wir unterqueren und erreichen so den Achendamm. Ab hier geht es in nördlicher Richtung zurück. Rastbänke laden zu Pausen ein, und bald queren wir den Mühlbach, der sich hier mit der Tiroler Achen vereint – auch die Kiesbänke eignen sich hervorragend für eine Rast. Dahinter wendet sich der Weg nach links, aber schon bei den ersten Häusern von Mühlau geht es wieder

nach rechts auf einen wunderbaren Waldweg. Fast immer leicht abwärts fahren wir am Fuß des Buchbergs und an der Mettenheimer Filze entlang. Kurz vor Raiten halten wir uns einmal rechts, dann geht es über ein Feld zur nächsten Achenbrücke, über die wir die Uferseite wechseln. Geradeaus kämen wir nach Unterwössen – wir halten uns aber gleich links und fahren auf dem Radweg entlang der Achen, stets der Beschilderung Richtung Grassau folgend.

Die Schlechinger Kirche

Oben: In der Kendlmühlfilzen

Finale Schließlich biegt der Radweg nach rechts über einen Seitenbach weg vom Fluss, und wir unterqueren die B 305. Dann folgen wir links der kleinen geteerten Straße, der Alten Dorfstraße. Sie bringt uns vorbei an der alten Gränzmühle zur Brücke in Marquartstein. Diese müssen wir nicht queren, außer der Hunger treibt uns ins Dorfzentrum. Ansonsten bleiben wir in Flussnähe und folgen dem Radweg weiter nach Norden. Auch die nächste Brücke ignorieren wir, obwohl hier das Radwegschild nach Grassau weist. Erst an der Brücke bei Staudach wechseln wir die Uferseite.

Für das letzte Stück gibt weiterhin der Fluss die Richtung vor. Es dauert sogar noch eine ganze Weile, bis wir an der nächsten Brücke links abbiegen, zunächst Almau erreichen und dann rechts die letzten Meter auf dem bekannten Hinweg zum Startplatz zurückradeln.

Chiemsee Strandcamping

Schönster Sunset-Platz am Chiemsee

Genau zwischen Chieming und Grabenstätt liegt dieser Campingplatz unmittelbar am Chiemseeufer und ist damit sicher einer der schönsten Plätze für einen romantischen Sonnenuntergang am Bayerischen Meer.

Der Campingplatz Chiemsee Strandcamping liegt am Ostufer des Chiemsees in der Nähe des Ortes Chieming. Traumhaft mit Ausblicken über den See auf die Chiemgauer Bergwelt gelegen, ist er hervorragend geeignet, um das östliche Chiemgau zu erkunden. Oder sich einfach nur zu erholen: Stellplätze, die maximal 50 Meter vom Ufer entfernt liegen, versprechen ideale Badebedingungen, eine Bar, ein Café und einen Semmelservice gibt es vor Ort und Restaurants in Chieming und Grabenstätt.

€€€

Geeignet für Von April bis Oktober hat der Campingplatz offen, aber es gibt nur 40 Stellplätze, und die sind schnell ausgebucht.

Adresse Chiemsee Strandcamping, Am Chiemsee 1, 83355 Grabenstätt, Tel. 08664/500, chiemsee-strandcamping.de

Anfahrt A 8 bis Ausfahrt Grabenstätt und weiter Richtung Chieming; nach ca. 6 km erreicht man Unterhochstätt und 500 m weiter den Campingplatz auf der linken Seite.

GPS 47.876409, 12.528943

Besonderheit 1000 m Chiemseestrand mit feinem Kiesbelag gehören zum Platz, das verspricht viel Badevergnügen.

Wohnmobilstellplatz Steiner

Für Wiederholungstäter

Zwischen Chiemsee und Achental nächtigt man ruhig und mit schöner Aussicht auf die Berge am Stellplatz des Bauernhofs Steiner. Der sehr sonnige Platz wurde aufgrund seiner Beliebtheit jetzt sogar vergrößert.

Was für ein schöner und toller Stellplatz: freundliche Besitzer, die Hilfe anbieten, wenn es einmal eng werden sollte, dazu Brötchenservice, ein Spielplatz und viele Tiere wie Nandus, Enten, Hasen und sogar ein Pfau. Auch die Sanitärräume sind supersauber, und an mehreren Stellen kann man Trinkwasser entnehmen. Durch die traumhafte Umgebung radelnd ist es mit dem Bike nur ein Katzensprung zum nahen Chiemsee.

€€€

Geeignet für Ideal für Selbstversorger. Von Anfang März bis Ende November geöffnet

Adresse Wohnmobilstellplatz Steiner, Almfischer 11, 83236 Übersee, Tel. 08642/13 83, chiemsee-wohnmobile-steiner.de

Anfahrt Von der A 8 fährt man über die Ausfahrt Übersee oder Grabenstätt in den Ort Übersee. Der Stellplatz liegt südöstlich des Ortes in Richtung Achental.

GPS 47.809528, 12.491376

Besonderheit Natürlich kann man ohne Anmeldung kommen, aber die Möglichkeit einer Reservierung ist aufgrund der Beliebtheit sicher sinnvoll.

19 Über Siegsdorf nach Ruhpolding

Entlang der Traun zum Mammutmuseum

mittel | 36 km | 350 Hm | 3 Std.

Startplatz Radtour
Camping Lindlbauer in Inzell, s. S. 149

Tourencharakter
Herrliche Rundtour entlang der Traun, die etwas Kondition voraussetzt. Die Steigungen liegen erst gegen Ende der Tour, mit dem E-Bike eine Kleinigkeit, ansonsten darf man hier evtl. ein kurzes Stück schieben.

Unsere Runde steht heute ganz im Zeichen der Eiszeit. Als Symbol begleitet uns das Mammut Rudi, das in dieser Gegend während der Eiszeit lebte und das wir uns in natura im Museum von Siegsdorf ansehen können.

Die ehemalige Soleleitung Vom Campingplatz Lindlbauer folgen wir der Kreuzfeldstraße, bis sie nach dem Kurpark in die Adlgasser Straße mündet. Auf ihr geht es nach rechts, bald unter der großen Bundesstraße hindurch und über den Rathausplatz sowie an der Kirche vorbei durch die Ortsmitte von Inzell. Rechts-links haltend sind wir dann auf der Schmelzer Straße, die uns in den Ortsteil Niederachen mit seiner schönen Liebfrauenkirche bringt. Hier folgen wir nun rechts auf der Eiszeitrunde dem Mammut-Rudi-Symbol, das uns auf dem Rundweg begleiten wird.

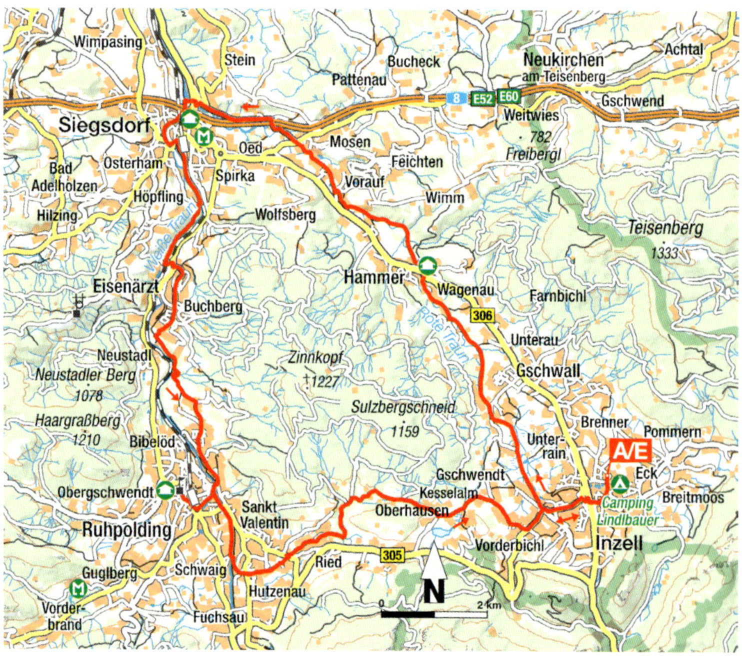

Der Weg ist bis Siegsdorf identisch mit dem Salinenweg, der uns mal mehr, mal weniger entlang der Roten Traun nach Hammer führt. Für eine Einkehr beim Hammerwirt ist es noch zu früh, deshalb bleiben wir auf der rechten Flussseite und radeln entlang der ehemaligen Soleleitung weiter gen Norden. Beim Sägewerk in Frauenstätt wechseln wir die Uferseite und folgen dem Rudi-Symbol durch einige Weiler.

Rudi und die Eiszeit Schließlich unterqueren wir die Autobahn, halten uns dann links und müssen am Edeka erneut links abbiegen. Dann führt der Weg nach rechts, unter der Bundesstraße hindurch, und wir überqueren nach dem Parkplatz die Weiße Traun. Wenige Meter flussabwärts wird dann aus dem Zusammenfluss der Roten und der Weißen die eigentliche Traun.

Eine große Lupe weist uns auf den Moorerlebnispfad hin, er ist aber nur zu Fuß erreichbar.

Oben: Ab Siegsdorf fließt die Traun in einem breiteren Bett.

Unten: Brot & Kaffeehaus Schuhbeck in Ruhpolding

Inzell vor dem Rauschberg

Am Freibad wenden wir uns nach links und folgen der Weißen Traun durch Siegsdorf. Am Kreisverkehr geht es über den Fluss. Links lohnt sich der Abstecher ins Mammutmuseum, wo wir nicht nur Rudi in voller Lebensgröße sehen, sondern noch

sehr viel mehr Wissenswertes über die Eiszeit erfahren. Wer sich völlig dem Eis hingeben möchte, dem seien noch die leckere Eisdiele Buon Gelato oder das Café Schuhbäck am Kreisverkehr empfohlen.

Entlang der Weißen Traun Für die Weiterfahrt nach Ruhpolding folgen wir der Siegsdorfer Hauptstraße und biegen dann rechts in die Ruhpoldinger Straße ein. Kurz bevor wir die Gleise queren würden, wenden wir uns rechts und sind wieder auf einem Radweg, der uns nach Süden führt. An der nächsten Brücke wechseln wir das Ufer, und das Gleiche machen wir noch einmal bei Eisenärzt. Durch die Orte Eisenärzt, Hörgering

und Vordermiesenbach erreichen wir schließlich Ruhpolding in der Miesenbacher Straße. Von dort geht es bald links über die Weiße Traun, und wir radeln für eine Pause oder Ortsbesichtigung durch die Waldbahnstraße und über den Kreisverkehr in die Dorfmitte.

Der Soleleitungsweg verläuft entlang der Roten Traun bei Inzell.

Danach geht es zurück zum Kreisverkehr und wieder in die Waldbahnstraße, die wir schon vom Hinweg kennen. Diesmal queren wir den Fluss aber nicht, sondern wählen in der Linkskurve der Straße rechts den Radweg, der uns über eine kleine Brücke flussaufwärts an den Tennisanlagen vorbeiführt. Jetzt begleitet uns auch wieder das bekannte Radwegeschild der Eiszeitrunde.

Aufwärts nach Inzell Zunächst bleiben wir geradeaus, dann überqueren wir an einem Steg die Traun. Gleich nach der Brücke halten wir uns rechts und folgen nun stets dem Windbach über alle Straßen hinweg und mitten durch den Golfplatz. Mit einem Links-rechts-Knick geht es dann – immer noch am Windbach entlang – in den Bergweg Infang, wo nun der anstrengende Teil der Tour beginnt.

Anfangs noch sacht, dann immer steiler radeln wir bergauf, lassen dabei alle Abzweigungen unberücksichtigt und erreichen schließlich den Scheitelpunkt. Eine herrliche Aussicht auf den Rauschberg belohnt unsere Anstiegsmühen, sogar eine Ruhebank steht für die Pause bereit.

Anschließend radeln wir dann gemütlich und mit weiter Sicht an stattlichen Bauernhöfen, dem Froschsee und der Kesselalm (Einkehr!) vorbei ins Inzeller Becken nach Niederachen. Hier halten wir uns rechts und gelangen auf dem Hinweg wieder zurück zu unserem Startplatz.

Unten: Blumenreiches Inzell

Bei Ruhpolding

Ruhpolding

Der Ort im Chiemgau ist durch seinen Biathlon-Weltcup weltweit bekannt, bietet aber neben dem Spitzensport auch Ski- und Langlaufpisten für alle und gut markierte Wanderwege sowie viele Bademöglichkeiten für die warme Jahreszeit. Auch kulturell entdeckt man einiges: In der Pfarrkirche steht eine weithin bekannte romanische Madonna, und an der Filialkirche St. Valentin finden wir zum Gedenken an die Verstorbenen Totenbretter, wie sie früher u. a. auch im Chiemgau üblich waren. Das Heimatmuseum im ehemaligen herzoglichen Jagdschloss zeigt alpenländische Kunst und vieles über das Alltags- und Geistesleben der Chiemgauer, das Holzknecht-Museum und die Glockenschmiede informieren über vergangenes Handwerk.

Camping Lindlbauer

Im Herzen des Chiemgaus

Über zwei Ebenen verteilt kann man zwischen den Stellplätzen Wiesengrund, Panorama- oder Premiumplatz wählen. Alle haben eines gemeinsam: Sie bieten einen traumhaften Blick auf die Berge und viel Ruhe inmitten grüner Wiesen.

Der herrliche Campingplatz mit wunderschönem Bergblick liegt etwas am Rand von Inzell. Die Sanitäranlagen sind neu und sehr gepflegt. Es gibt einen Brötchenservice, weitere Einkaufsmöglichkeiten in der Nähe, und auch das Freibad ist fußläufig zu erreichen. Mittwochs bis sonntags gibt's von 12–16 Uhr im angrenzenden Café als Spezialität Kaiserschmarrn. Hier lässt sich gut Urlaub machen!

€€€

Geeignet für Jung und Alt. Wer nur eine Nacht stehen bleiben möchte, kann zwar keinen Premiumplatz buchen, findet aber einen reinen One-Night-Stellplatz gegenüber der Rezeption.

Adresse Camping Lindlbauer, Kreuzfeldstr. 44, 83334 Inzell, Tel. 08665/928 99 88, camping-inzell.de

Anfahrt A 8 bis Ausfahrt Siegsdorf, auf der B 306 nach Inzell und am Ortsanfang links in die Schwimmbadstraße zum ausgeschilderten Campingplatz

GPS 47.767336, 12.754048

Besonderheit Der sonnige Platz eignet sich auch ideal für die Erkundung der Gegend rundum bis ins Berchtesgadener Land hinein.

20 Waginger und Tachinger See

Die perfekte Bade-Rad-Tour

leicht | 30 km | 250 Hm | 3 Std.

Startplatz Radtour
Strandcamping Waging am See, s. S. 155

Tourencharakter
Schöne Rundtour, die im leichten Auf und Ab und über fast ausschließlich gut ausgeschilderte Radwege und wenig befahrene Nebenstrecken um den See führt. Im Sommer relativ viele Badegäste

Rechte Seite oben: Wunderschöne Aussichten über den Rupertiwinkl liegen vor uns.

Waginger und Tachinger See sind zwei der wärmsten Badeseen Oberbayerns. Im Herzen des Rupertiwinkls radelnd genießen wir fantastische Aussichten auf die nahen Berge. Besonders im Frühjahr mit seinen blühenden Löwenzahnwiesen und im Farbenrausch des Herbstes lohnt sich diese Tour.

Gaden und sein Kirchlein Ausgangspunkt unserer Rundtour um den Waginger See ist das Strandcamping – wir fahren aus dem Campingplatz hinaus, wenden uns rechts auf die Zufahrtsstraße und verlassen diese gleich nach der Tennisanlage wieder nach links. Wo die Straße sich nach rechts wendet, bleiben wir in der Kurve links auf dem Radweg, der uns zur Autostraße leitet. Ihr folgen wir in Fahrtrichtung und passieren das Dorf Gaden mit seiner dem Heiligen Rupert, dem Schutzheiligen des Ruper-

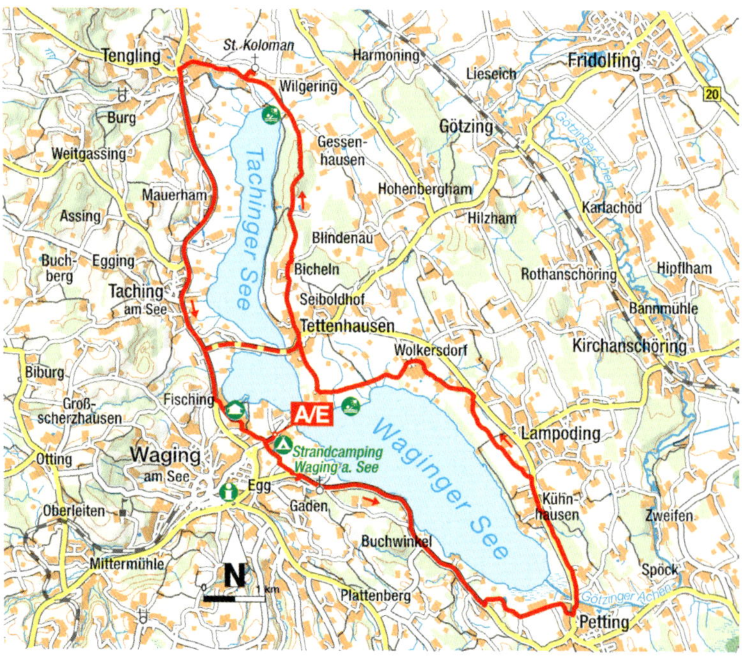

tiwinkls, geweihten Kirche. Das älteste Gotteshaus am See, dessen Ursprünge bis ins 12. Jahrhundert zurückreichen, ist einen Abstecher wert; in seinem Inneren finden wir ein zartes gotisches Rippengewölbe. Weiter geht es entlang der Straße und mal mehr, mal weniger dicht am Seeufer entlang über Musbach und das Strandbad Salzachinsel zum Seeberg, einem großen Bauernhof links der Straße. Hier zweigt links ein Feldweg ab – er führt uns zuerst durch einen Wald und dann über die Felder, dabei einmal links haltend, auf Petting zu. Wir erreichen das Dorf an seinem nördlichen Ende und wenden uns auf der Seestraße nach links; dabei überqueren wir die Götzinger Achen.

Die Wallfahrtskirche Maria Mühlberg bei Waging ist nur mit einer zusätzlichen kleinen Auffahrt erreichbar.

Unten: Der Bayerische Löwe überwacht das Waginger Strandbad.

Panoramatour nach Tettenhausen Der Radweg neben der Fahrstraße führt uns leicht ansteigend in einem Linksbogen nach Kühnhausen. Kurz hinter dem Ort biegen wir links ab, um auf dem Buchenweg mit etwas Abstand zur großen Straße am Ostufer des Sees entlangzuradeln. Bei den Bauernhöfen Kronwitt touchieren wir nochmals kurz die größere Autostraße, biegen aber gleich schräg links ab und rollen in einem Linksbogen abwärts durch Wolkersdorf.

Jetzt nähern wir uns wieder dem See, das leichte Auf und Ab setzt sich dabei fort. Am Campingplatz Gut Horn wendet sich der Radweg nach rechts, und nur wenige Meter trennen uns hier noch von Tettenhausen, wo sich eine Einkehr oder eine Badepause im Strandbad lohnt. Man kann sich auch Ruder- und Tretboote ausleihen.

Waging

Zu bajuwarischer Zeit gegründet lag Waging an der wichtigen Salzstraße von Reichenhall nach Wasserburg. Hier mussten die Fuhrleute übernachten, und das ließ den Ort aufblühen, was heute noch an der überreichen Stuckausstattung der Pfarrkirche St. Martin und an den prachtvollen Häusern in der Ortsmitte zu sehen ist. Die Stadt lebt vornehmlich vom Tourismus, für Besichtigungen sind das Bajuwarenmuseum und das private Barockmuseum zu empfehlen.

Um den Tachinger See Wer jetzt genug geradelt ist, kann den Seedamm nach links als Abkürzung nutzen – er markiert die Engstelle zwischen Tachinger und Waginger See, eine Straße führt über ihn.

Ansonsten radeln wir in die Ortsmitte von Tettenhausen hinauf und halten uns vor der Kirche links in die Bichelner Straße. Weiter ansteigend erreichen wir auf ihr die Höfe von Bicheln, die in einer einzigartigen Aussichtslage erbaut wurden. Dahinter geht es für uns nach links, und gleich darauf

Besonders in der Nebensaison lassen sich Waginger und Tachinger See noch in Ruhe genießen.

fahren wir durch den Wald, den wir erst kurz vor dem Nordende des Sees wieder verlassen. Jetzt bietet sich ein weiterer Abstecher an, hinauf zur hübschen St.-Coloman-Kirche, die einen der schönsten Rastplätze bei dieser Seenumrundung bietet. Aber auch das Strandbad unterhalb der Kirche ist für einen Zwischenstopp sehr zu empfehlen.

Unten: Morgenröte über dem Tachinger See

Bootsverleih an der Engstelle zwischen den beiden Seen

Westuferwege In Fahrtrichtung radeln wir alsdann weiter und haben in Tengling den Wendepunkt der Radrunde erreicht – ab jetzt geht's am Westufer entlang immer Richtung Süden. Vorbei an Fisching und Mauerham erreichen wir Taching; kurz danach stößt von links der Radweg über den Seedamm zu uns. Wir genießen die Aussicht und rollen weiter auf der Straße entlang, wobei wir am Strandbad Teufel einmal die Seite wechseln. Es geht durch Fisching (richtig gelesen: zwei Dörfer, zweimal derselbe Name), dann kommen wir wieder auf die Zufahrtsstraße zum Waginger Strandbad und so zu unserem Startplatz zurück.

Strandcamping Waging am See

So macht der Kurzurlaub Spaß!

Mitten im Rupertiwinkel liegt der türkisblaue Waginger See, und geradezu perfekt kann man an seinem Ufer beim Strandcamping übernachten – entweder gleich für ein paar Tage oder nur kurz auf einem der Transitplätze.

Für einen längeren Aufenthalt bietet sich eine der schönen Parzellen auf dem Platz an, oder man benützt für eine Nacht einen der fünf Stellplätze vor dem Campingplatz und kann trotzdem die sanitären Einrichtungen des Platzes in Anspruch nehmen. Die Stellplätze sind teilweise schattig auf der Wiese gelegen oder mit einem Rasengitter als Untergrund. Eine Kurtaxe ist immer zu entrichten. Nur wenige Minuten entfernt gibt es am Kurhaus einen Supermarkt und ein Restaurant, die zum Platz gehören.

€€€

Geeignet für Das ganze Jahr über kann man am Campingplatz übernachten, der Stellplatz vor der Rezeption steht jedoch nur für eine Nacht zu Verfügung.

Adresse Strandcamping Waging am See, Am See 1, 83329 Waging am See, Tel. 08681/552, strandcamp.de

Anfahrt A 8 bis Ausfahrt Traunstein und über Traunstein nach Waging am See. Der Campingplatz liegt etwas östlich des Dorfs am Westufer.

GPS 47.942118, 12.747948

Besonderheit Gleich neben dem Campingplatz gibt es einen Tennis- und einen Bolzplatz, ein Volleyballfeld, Tischtennisplatten sowie Mini- und Soccergolf.

Zugabe

Unsere Reiselust *fängt schon an zu kribbeln, wenn wir frische Handtücher und das Bettzeug in unserem VW-Bus verstauen – und dabei ist es ganz egal, dass wir selbst in Oberbayern zu Hause sind, denn manchmal reichen schon ein Wochenende und wenige Kilometer Anfahrt für perfekte Urlaubsgefühle. Immer wieder entdecken wir in dieser einzigartigen Region Ecken und Winkel, die wir noch nicht kennen, freuen uns aber auch über Bewährtes und können so nie genug von unserer Heimat bekommen!*

Und diesem Buch *könnte man ein Zitat Adam Opels voranstellen: »Bei keiner anderen Erfindung ist das Nützliche mit dem Angenehmen so innig verbunden wie beim Fahrrad.« So gibt es auch kaum eine bessere Möglichkeit, einen Landstrich besser kennenzulernen als auf dem Drahtesel. Daher war es uns auch dieses Mal wieder eine ungeheure Freude, die Touren für das vorliegende Buch zu recherchieren. Herausgekommen ist eine bunte Mischung aus Fahrten entlang von Flüssen, zu Städten und Dörfern, in die Berge und zu den zahlreichen oberbayerischen Seen.*

Das Einzige, *was man sich für die Touren ausreichend nehmen sollte, ist Zeit – vor allem, damit auch der Genuss nicht zu kurz kommt, denn zu einer gelungenen Radtour gehört der Einkehrschwung nun mal unbedingt dazu. Die vielen gemütlichen Wirtshäuser und Biergärten, Eisdielen und Cafés sowie das eine oder andere einzigartige Rastplätzchen entlang des Weges laden immer wieder zum Entspannen und Genießen ein.*

Wir wünschen *Ihnen genussreiche Radstunden unter dem weißblauen Himmel Oberbayerns, stets guten Rückenwind und niemals einen Regenguss!*

Ihre

Register

Impressum

Verantwortlich: Sabine Klingan
Lektorat und Redaktion: Anette Späth
Umschlaggestaltung: Ina Zimmermann, Mathias Frisch
Layout Innenteil: Eva-Maria Klaffenböck
Kartografie: Bruckmann Kartografie, Heidi Schmalfuß
Repro: P.R.O. MEDIEN
Herstellung: Bettina Schippel
Printed in Turkey by Elma Basim

★★★★★

Sind Sie mit diesem Titel zufrieden? Dann würden wir uns über Ihre Weiterempfehlung freuen. Erzählen Sie es im Freundeskreis, berichten Sie Ihrem Buchhändler, oder bewerten Sie bei Onlinekauf. Und wenn Sie Kritik, Korrekturen, Aktualisierungen haben, freuen wir uns über Ihre Nachricht an Bruckmann Verlag, Postfach 40 02 09, D-80702 München oder per E-Mail an lektorat@verlagshaus.de.

Unser komplettes Programm finden Sie unter www.j-berg-verlag.de

In diesem Buch wird aus Gründen der besseren Lesbarkeit das generische Maskulinum verwendet. Weibliche und anderweitige Geschlechteridentitäten werden dabei ausdrücklich mitgemeint, soweit es für die Aussage erforderlich ist.

Empfehlung der Redaktion
Sie sind auf der Suche nach weiterführender Literatur? Dann empfehlen wir Ihnen den Titel »Erlebnis-Radtouren im Münchner Voralpenland« von Lisa und Wilfried Bahnmüller. Oder Sie werfen einen Blick in die Zeitschrift BERGSTEIGER. Hier werden Sie bestimmt fündig.

Bildnachweis: Alle Bilder im Innenteil stammen von den Autoren, mit Ausnahme von: S. 22, 28 u., 55 u., 132, 151 o.: Martin Siepmann; S. 23: Tourist-Information Eichstätt; S. 96: Markus Wolf; S. 129: Tobias Feldmeier; S. 155: Strandcamping Waging am See.
Umschlagvorder- und Rückseite: Adobe Stock, Kateina (Grafiken)

Die Deutsche Nationalbibliothek verzeichnet diese Publikation in der Deutschen Nationalbibliografie; detaillierte bibliografische Daten sind im Internet über http://dnb.d-nb.de abrufbar.

Infanteriestraße 11a
80797 München

ISBN 978-3-86246-997-0